お客様は「自身の課題」に気付いていません

NEEDS

SEEDS

ニーズの種を植える金融マーケティング

橋本之克

ビジネス教育出版社

JN115283

目　　次

第1章
金融マーケティングの理解

1. 定義の変遷
2. マーケティングの進化
3. 金融商品と消費財の類似点
4. 金融商品と顧客の関係

1. 定義の変遷

　基本的なことですが、マーケティングとは一体何でしょう？

　はじめにマーケティングという言葉の定義とその変遷を見ていきましょう。

　そもそもマーケティングの誕生は 19 世紀末期から 20 世紀初頭とされています。製造、流通などの環境が整いつつある環境下での現代マーケティングが誕生するのは 1950 年代頃です。特に現代マーケティングにおける 70 年程度の歴史の中で、概念や価値観は常に変化してきました。世の中が進むのに歩を合わせて、どんどん新しい概念が加わり、進化して今に至っています。

　マーケティングの定義については、さまざまな国のさまざまな団体が定めていますが、ここではマーケティングの母国であるアメリカの「米国マーケティング協会」が定めた定義をもとに解説していきます。

　現代マーケティングの初期、1948 年に定められ、以後約 40 年間にわたって用いられた定義は「**生産者から消費者または使用者に向けて、製品およびサービスの流れを方向づけるビジネス活動の遂行**」です。この定義のポイントは、製品を生産する企業から消費者に商品やサービスが、「届く」ことが重要だという考え方です。この行き渡るまでの一連のプロセスを管理するのがマーケティングだと考えられていました。

　この時期は、可能な限り多くの人へモノ（製品・商品）を販売しようとする「マスマーケティング」が主流です。同じ頃の日本は、1954 年から 1973 年に渡る「高度経済成長」時代に当たります。戦後の混乱が終わり、さまざまな商品が徐々に普及していく時期です。白黒テレビ・洗濯機・冷蔵庫の家電 3 品目が『三種の神器』と呼ばれ、人々の羨望の的となります。多くの人々が街頭のテレビに群がって、力道山が外人プ

ロレスラーを空手チョップでなぎ倒すプロレス中継に熱狂しました。その後 1960 年代半ば、映画「三丁目の夕日」の舞台となった時代には「いざなぎ景気」が到来します。当時は、カラーテレビ（Color television）・クーラー（Cooler）・自動車（Car）が新・三種の神器として人気でした（頭文字が C であることから、3C とも呼ばれています）。

　これらは現在では誰もが持つ商品ですが、当時は生産量が少なく価格も高かったため、すぐには普及しませんでした。もっと身近な、生活に必要な製品でさえ行き渡っていない時代です。従ってこれらを広く**届けること**がマーケティングの役割でした。

　1985 年にマーケティングの定義が見直されます。1980 年代はオイルショックによる世界的な経済危機が勃発するなど、単純な右肩上がりの経済ではありませんでした。各企業では、顧客に自社商品を提供するマーケティング活動を企業活動の中核に据え、積極的に取り組みます。結果的に、個人消費が活発化し、経済が成長拡大を続けました。

　この時期の革新的な商品は Apple の Macintosh、IBM のパソコン、Microsoft の Windows、携帯電話、コンパクトディスク（CD）、家庭用ビデオカメラなどです。これらは、当時先進的なマーケティング手法により大きく注目されました。

　こうした時代背景の下生まれた新たな定義は「**個人と組織の目的を満足させる交換を創造するために、アイデア・商品・サービスの、コンセプト（概念形成）・価格設定・プロモーション・流通を、計画し実施する過程**」です。

　現代マーケティングの第一人者として広く知られているフィリップ・コトラーは、マーケティングにおいて複数の手段を組み合わせて戦略をたて、計画、実施する「マーケティングミックス」を広めました。

　具体的には次の 4 つを組み合わせた「4P」と呼ぶものです。

・Product（製品）：製品サービス（品質、機能等）、パッケージ、付帯サービス等
・Price（価格）：価格、割引、支払い方法 等

・Place（流通）：販売経路、流通範囲、輸送、店舗立地、品揃え 等
・Promotion（プロモーション）：広告宣伝、広報、店頭販促 等

　この4Pの考え方は、現代のマーケティングの定義にも反映されています。コトラーは、この4つを最適に組み合わせることができれば、おのずとモノは売れていくと指摘しています。
　例えば、富裕層向けに高額の不動産を販売する場合に、Product（製品）は、由緒ある土地に建つ高級感あるデザインの物件となるでしょう。Price（価格）はもちろん一般生活者にとっては高額ですが、富裕層から見ると手の届く価格帯とします。Place（流通）として、現地から遠くない範囲で顧客にとって来場が便利な、かつ港区などのステイタスある場所に販売センターを設けます。Promotion（プロモーション）は富裕層限定のダイレクトメールや雑誌メディア等を活用します。このように4Pに統一感があることが重要なのです。

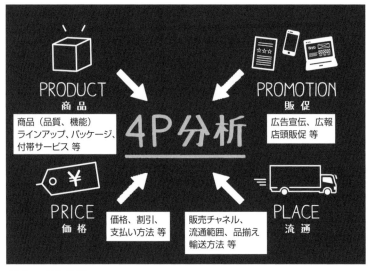

図1：4P分析

「4P」：レオ・マックギブナが語った言葉としてセオドア・レビットの著書『マーケティング発想法』で引用

　さて、この約 20 年後の 2004 年には、マーケティングの定義が再び改訂されました。契機はインターネットの本格普及です。世界中のコンピューターがつながり、産業のみならず、行政から個人のライフスタイルまで、あらゆるものが急激に変化しました。

　またこの時期、日本においては IT バブルが到来し、崩壊しました。とはいえ技術革新に伴う、新しい商品の開発も続けられます。当時に登場したハイブリッドカー「プリウス」は、日本のみならず世界中におけるヒット商品となりました。

　こういった背景のもと、米国マーケティング協会は「**組織が価値を創造し顧客に伝達・提供し、顧客との関係を続けるための、組織的な機能とプロセス**」と再定義しました。この改訂にはポイントが二つあります。一つは「**価値の提供**」へのシフトです。

　単に顧客に製品やサービスを売るのではなく、顧客に「価値（ある物事）」を提供することが重要だと考えられるようになります。わかりやすいのは"ドリル"の事例です。これは「ドリルを買おうとしている人は、ドリルが欲しいのではなく、穴を開けたいのだ」というものです。確かに、多くの顧客が求めるのは「ドリルを買って持っておく」ことではなく「穴を開ける」ことです。これこそが顧客にとっての価値です。だとすると、このニーズをもつ潜在顧客への対応は、単にドリルを販売するだけでなくなります。ドリルをレンタルする方法が良いかもしれません。またはドリルを携えた技術者を派遣する方が喜ばれるかもしれません。

　従来の企業は、製品の機能や性能を高めようとすることばかりに目が向いていました。ドリルであれば、その性能を高めて、より早く穴を開けられるようにすることや、軽量で扱いやすいドリルを開発することを目指すのです。

　これが、顧客ニーズへの対応を重視し、顧客にとっての価値を提供する方向に変化したのです。この考え方が反映された点が定義の変化における重要なポイントです。

この改訂にはもう一つポイントがあります。それは、「顧客との関係の継続」が重視されるようになったことです。

　従来のマーケティングは、生産した製品を多くの顧客に届けることを目指してきました。ところが社会や市場が成熟化し、今までにない画期的な商品が生まれなくなってくると、それだけでは利益をあげられなくなります。顧客との取引が一度で終わっては効率が悪いのです。購買してくれた顧客に対して、継続的に製品やサービスの利用を促すことが重要と考えられるようになりました。

　これは、「ダイレクトマーケティング」の考え方と共通します。このマーケティングはもともと、通信販売から生まれました。

　一例として「初回注文は特別価格500円！」といったチラシを見たことはありませんか？　これがダイレクトマーケティングの入り口で、ちょうど初回注文分を使い終わった頃に、継続を促すダイレクトメールや電話が来るという手法です。仮に断られた場合であっても、顧客からの反応が得られるため次のマーケティングに生かせる情報を得やすいというメリットがあります。

　もう少し抽象化し、定義すると、**ダイレクトマーケティングとはターゲット顧客から直接反応を獲得し、継続的な関係を構築する手法**です。関係構築を重視するため「リレーションシップマーケティング」とも呼ばれます。基本的なマスマーケティングでは、マス広告を使った一律のメッセージで広く購買意欲を高めるだけで、個別の顧客を追いかけることはしません。ダイレクトマーケティングでは、多様なメディアによって、顧客ごとに異なるメッセージを送るなどきめ細かく対応します。顧客の行動を喚起し、問い合わせや購入などのレスポンスを獲得し、その後も継続的に顧客との関係を管理します。

　また、2004年当時はコンピュータネットワーク上で製品やサービスの取り引きをするeコマースが、急速に発展しました。ここでも顧客管理が重視されます。こういった活動を支えるのが顧客データベースです。顧客の情報や取り引き履歴等を蓄積し、分析します。その結果をもとに、顧客が関心をもつ商品を予想し継続的な購入を促します。ちょうど同時

期に、この情報管理技術が発達し、より手軽にデータベースを導入できるようになったことが、ダイレクトマーケティングを後押ししました。

　こういった顧客を一人ひとり管理する手法を、CRM（カスタマー・リレーションシップ・マネジメント）と呼びます。これは単なるマーケティングの手法にとどまらず、顧客との関係作りで売上げや利益から企業価値まで向上させる「経営戦略」であると考えられるようになりました。

　同時に「ライフタイム・バリュー（顧客生涯価値）」を高めるという考え方も広まります。自社商品・サービスに対してロイヤルティの高い顧客（愛用者）になってもらい、最長で一生涯の長期にわたるリピート購入を続けてもらおうとするものです。短期的な目線でなく、将来まで長期的に利益を得ることを目指す企業が増えました。

　これらの考え方が広まる中で生まれたのが、2004 年改訂のマーケティングの定義でした。ゆえに定義の中でマーケティングは「顧客との関係を続けるための、組織的な機能とプロセス」であると表現されているのです。

　しかしながら、この約 20 年ぶりの改定からわずか 3 年後の 2007 年に、再びマーケティングの定義は改訂されます。新たな定義は**「顧客、依頼人、パートナー、社会全体にとって価値ある提供物を創造・伝達・提供・交換する活動、制度、プロセス」**です。

　前回の改定と比較すると、重要な違いが一つあります。マーケティングとして行う行為は変わらず「価値の提供」ですが"それが誰にとっての価値か"という点です。新たな定義では「顧客、依頼人、パートナー、社会全体にとって価値ある提供物」とされており、**「社会全体にとっての価値」**という考え方が加わりました。

　背景には地球環境問題への関心の高まりがあります。2006 年に米国のアル・ゴア元副大統領が主演したドキュメンタリー映画「不都合な真実」が公開されました。温暖化で変化してしまった自然の姿を描き、自

然環境を意識しながら暮らすことの重要性を訴えています。この作品が、アカデミー賞の長編ドキュメンタリー映画賞を受賞し、ゴアがノーベル平和賞を授与されるなど、世界中で話題となりました。

　企業も、この動きに同調します。利益を追求する以前に、社会に貢献する良き市民であるべきだとする「企業市民」の概念も浸透していきました。

　この急激な変化に動きに伴い、マーケティングの定義においても"社会全体にとっての価値"という概念が含まれるようになったのです。

　このようにマーケティングの定義は社会全体の変化に沿って変化してきました。大きな流れとして、製品を提供する企業が主役であった初期の段階から、徐々に顧客のニーズが重視されるようになっています。企業から顧客へと、主権が移る過程が、このマーケティングの定義の変遷に表れているのです。

マーケティングの定義／1948年

『Marketing is the performance of business activities that direct the flow of goods and services from producer to consumer or user.』

**生産者から消費者または使用者に向けて
製品およびサービスの流れを方向づけるビジネス活動の遂行**

マーケティングの定義／1985年

『Marketing is the process of planning and executing the conception, pricing, promotion, and distribution of ideas, goods, and services to create exchanges that satisfy individual and organizational objectives.』

**個人と組織の目的を満足させる交換を創造するために、
アイデア・商品・サービスの、
コンセプト（概念形成）・価格設定・プロモーション・流通を、計画し実施する過程**

マーケティングの定義／2004年

Marketing is an organizational function and a set of processes for creating, communicating and delivering value to customers and for managing customer relationships in ways that benefit the organization and its stakeholders.

**組織が価値を創造し顧客に伝達・提供し、顧客との
関係を続けるための、組織的な機能とプロセス**

マーケティングの定義／2007年

Marketing is the activity, set of institutions, and processes for creating, communicating, delivering, and exchanging offerings that have value for customers, clients, partners, and society at large.

**顧客、依頼人、パートナー、社会全体にとって価値ある提供物を
創造・伝達・提供・交換する活動、制度、プロセス**

図2：「マーケティングの定義」の変遷

2. マーケティングの進化

　マーケティングの定義の変遷を見ると、企業主導から顧客主導に変化しています。この変化自体を、マーケティングの進化と考えます。そして、これをマーケティング 1.0 に始まり、2.0、3.0、4.0 と数字で表します。

　既に述べたようにマーケティングの定義は 1985 年、2004 年、2007 年と 3 回の改訂がありました。各改定後の期間と、マーケティング 1.0 から始まる進化の過程がほぼ対応しています。以下、その各段階の特徴を見ていきます。

● マーケティング 1.0

　マーケティング 1.0 は日本においては、戦中戦後から 1970 年代頃までのものです。これを一言でいうと「製品中心のマーケティング」です。この時期は製品が十分に生産されない、低価格で提供できない、流通も十分に発達していない、情報伝達手段も限られるといった状況で、ビジネスが行われていました。

　消費者は、経済的には余裕はなくとも、いろいろな製品が欲しいという欲求を持っています。需要が供給を上回った状態です。企業が、今までにない商品の存在を示すだけで、あるいは新しい機能、優れた性能を発信するだけで、消費者は反応し、購買しました。既存の商品もより安くすればさらに売れます。企業にしてみれば、生産と価格を調整するだけで、需要を生み出せる状況です。この状況を活用しながら企業は、マーケティング 1.0 によって「大量に作った商品をどう売るか」を追求しました。

　主な手法はマスマーケティングです。広く配荷した商品をマスメディアを用いた広告で告知するのです。テレビ、新聞、雑誌、ラジオの 4 マス媒体が主に使われました。当時は、これらが最も効果的に広く知らせ

第 1 章 ● 金融マーケティングの理解

る手段だったのです。そこで、大量に生産した商品の広告宣伝を積極的に行ないます。消費者はテレビ CM で映された製品を見て、また新聞広告で説明された製品の特長を読んで、「欲しい！買いたい！」という欲求を喚起され、購買に至ります。

この時期は、戦後復興から高度経済成長期を経て日本が豊かになる途上です。消費者の間では、まだ差別化のニーズは生まれていません。むしろ、人並みになりたい、人と同じレベルのモノを持ちたいという意識が主流でした。従って企業は同じ商品を大量生産するだけで、主導権を持つことができました。当時の「企業：消費者」の関係は「1 対多」であったと考えてよいでしょう。

● マーケティング 2.0

マーケティング 2.0 は、端的に言えば「消費者志向のマーケティング」です。1980 年代から 1990 年代の前後には、製品の生産等の技術が発展し、製品を安価に作れるようになりました。各社が同レベルの技術を持ち始めます。そして似たような機能や価格の製品を、続々と市場に投入しました。すると、そこで競争が生まれます。製品から価格まで企業間の競争が激しくなってきます。消費者が類似する商品から、欲しい商品を選ぶ時代と言えます。

こうして企業優位の“作れば売れる時代”、“良い商品であれば売れる時代”が終わります。そうなると企業は、自社商品こそが顧客のニーズを満たすこと、選ばれる理由を示さなければなりません。他社の製品と異なる特徴や優れた点をアピールしなければ、即ち「差別化」をしなければ、買ってもらえない時代になったのです。

消費者もお仕着せの商品ではなく、自分が欲しいと思うものだけを買うようになっていきます。企業は、消費者を十把一絡げで扱うのではなく、極力、個別のニーズに対応しなければならなくなりました。市場や顧客ターゲットを絞る「セグメンテーション」を行う試みも始まりました。

さらに企業は、顧客との関係を一時的な取り引きで終わらせることな

11

く、継続的な関係を持つような戦略を進めます。顧客を満足させ関係を継続させ、徐々にファンやヘビーユーザーとしていくことで、安定的な継続購買をする優良顧客を、つなぎとめようとしたのです。

この時期の「企業：消費者」は、あたかも企業が消費者の対面にいるかのような、「1対1」の関係です。

● マーケティング3.0

マーケティング3.0は「価値主導のマーケティング」と呼ばれます。2000年代から2010年代頃、グローバル化とIT化が加速する一方で、商品やサービスが飽和した時代のマーケティングです。

前段階として、「企業の社会的責任（CSR：corporate social responsibility）」が問われるようになります。企業は利益を追求しているだけでは許されません。法令厳守、地球環境の保護、社会に対する利益還元などが求められるようになりました。ただし、この初期のCSRは自社の事業が、環境や社会に及ぼす悪影響を除去し改善しようという考え方でした。さらに企業は、寄付、メセナ、ボランティアなどの形で社会貢献に取り組みました。例えば植樹などの活動です。これはいわば、企業規模でのボランティア的な"善行"です。

その後、徐々にこの域を脱して"戦略的に行うCSR"と言うべき活動が普及し始めます。これは「共有価値の創造（CSV：creating shared value）」と呼ばれ、経営にまで影響を及ぼす戦略です。競争力を高めて経済的な利益追求を行う活動と、社会的価値の創出や社会的な課題の解決を両立させるという考え方です。例えば、社会的課題を解決する商品の開発や、事業活動を通じた地域貢献などがあります。これにより新たな市場が生まれることもありました。

マーケティング3.0は、このようにして企業と顧客が価値を共創する活動です。そこでは企業は消費者を、単に商品やサービスを購入する存在ではなく、マインドやハートをもつ存在としてとらえます。消費者は自発的に、自分たちの問題を解決し、自分を含む世界をより良くしようと活動します。このマインドやハートを基準にして、消費者は製品やサー

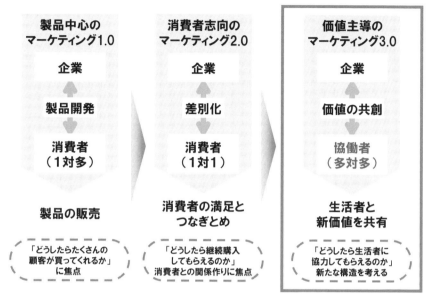

図3:「マーケティングの進化」の3ステップ

ビスを選ぶのです。

　さらに、企業と消費者による価値創造の共創関係は、情報の受発信の領域にも及びます。まず消費者が情報発信における影響力を持ち、企業や商品の評判を左右することも可能になりました。消費者同士の情報交換が製品の真の価値を露わにすることもあります。わかりやすい例では、Amazonや価格.comにおける、商品評価です。この時期に発達した、ネット、モバイル、SNSなどのメディアやデバイスが、この動きを加速しました。

　そうなると企業は、生活者をコントロールし、商品やブランドを一方的に作り上げることができなくなります。考え方を変えて、消費者との間に信頼関係や感情的な結びつきを構築することが必要になりました。企業と消費者が協働して、消費や流通の活動を構築する時代になったのです。

● マーケティング 4.0

　直近の数年においてはフィリップ・コトラーが「マーケティング 4.0」として、新たな概念を付け加えています。

　ここではマーケティングの目的を「**自己実現を目指す**」ことと定めています。顧客に対しては製品を通じて、彼らの自己実現欲に訴えかけます。自社の社員に対しても、一人一人が何をしたいかを会社全体で行う製品の開発や提供に反映させます。

　この背景にあるのは米国の心理学者のアブラハム・マズローが提唱した、人の欲求を 5 段階で表現する「マズローの欲求段階説」です。

・生理的欲求（睡眠欲・食欲・性欲・排泄欲などの本能的な欲求）

・安全欲求（安心、安全、快適な暮らしに対する欲求）

・社会的欲求（所属したい、仲間が欲しいという欲求）

・承認・尊厳（価値ある存在と認められたい、尊敬されたい欲求）

・自己実現欲求（ありたい自分になる、あるべき自分でいる）

　日本でいえば、戦後から高度経済成長期までは、最低限生きられる基本的な衣食住を揃えるのが第一目的でした。そして安心して眠れる場所が確保できたら、より快適に過ごせるようなモノやサービスを手に入れます。さらに、それを共有する仲間を作ります。そこで価値ある存在として認められる際には、SNS が役立ちます。こういった欲求が満たされると、さらに成長した自己を追求していくようになります。マーケティングはこのように、人々がより高い欲求段階に至るよう促すものでもあるのです。

3. 金融商品と消費財の類似点と相違点

　金融商品と一般的なマーケティングで扱われる消費財には、いくつかの類似点と相違点があります。

　まず相違点は、商品そのものの位置づけです。

　一般的な消費財とは、消費者が自分でまたは家族で、消費や使用をする目的で購入する、製品やサービスです。これは家電製品、自家用車、家具などのように一度購入したら長期間使える耐久消費財と、衣料品、食料品、日用品のように一度のみ、もしくは短期間しか使えない非耐久消費財に分けられます。家庭などで見られる製品はほとんどがこの消費財です。

　ちなみに消費財に対して生産財という言葉があります。例えば最終商品とした消費者の手に渡る自動車は消費財です。しかし、その中にあるハンドル、エアコン、エンジンなどは生産財です。また自動車工場に設置される工作機械などの備品も生産財です。あるいは、同じ大型の建物でも、住居として使われた場合は消費財となりますが、ホテルや病院など業務用として使われた場合には生産財と扱われます。

　生産財は消費財と異なり、企業間（B to B）の取り引きで売買されます。消費財は消費者が直接、購入するものです。多くの消費者に向けて効率的効果的に販売することを目的としてマーケティングは発展してきました。ゆえに、従来型のマーケティングは消費財を主な対象として理論構築が行われてきました。

　一方、有形財と無形財という分け方もあります。有形財は、まさに形のある商品で、販売・譲渡・購入等により所有権を移転させることができます。一般的な消費財の多くはこれに当てはまります。無形財は、英会話レッスンや、航空機・列車・バス・タクシー・船などに乗る有料の移動などです。

金融商品の多くも、無形財に位置づけられると言ってよいでしょう。従来からのマーケティングは、やはり有形財を主な対象として始まりました。しかし今では、GDPに占める製造業の比率が減少している時代です。無形財のビジネスが中心的な地位を占めるようになってきましたし、無形財のマーケティングも進化しつつあります。

　金融商品と一般的なマーケティングで扱われる消費財の間には、もう一つ大きな違いがあります。特に日本において特徴的なのですが、それは商品としての歴史です。具体的にいうと金融商品は、マーケティングを行えるようになってからの歴史が浅いのです。以前はマーケティングが不要かつ不可能でした。この変化のきっかけは、橋本龍太郎内閣で提唱され、1996年から2001年度にかけて行われた大規模な金融制度改革「金融ビッグバン」です。

　当時の経済は成熟化して成長の伸びが鈍り、バブル崩壊によって金融を含め産業が空洞化しつつありました。そこで国策として、日本の金融市場をニューヨーク、ロンドンと並ぶ地位に向上させ、日本経済を再生させようと狙ったのです。

　参考としたのは、サッチャー政権下のイギリスにおいて1986年から実施された、証券取引所を中心とする金融改革「ビッグバン」です。手数料の自由化、外部からの資本出資制限の撤廃などが行われました。この結果、イギリスのGDPに占める金融分野の割合は、ビッグバン直前の1985年には13.6%から1990年には17.2%まで拡大しました。

　日本における「金融ビッグバン」も、当初は「日本版ビッグバン」とも呼ばれていました。この変革以前、あらゆる金融機関は「護送船団方式」で守られ、同時に縛られていました。

　国として金融の安定化を目指していたため、金融機関の経営を安定させ、倒産させないような仕組みが必要だったのです。銀行をはじめとした金融機関に対する、確かな信頼イメージを浸透させました。こういった環境を整えたうえで、国策である"一般消費者による預金の拡大"を遂行しました。このお金が産業界に集中投資されて、日本の高度経済成

長につながったとも言われています。

　一方で金融機関は、過当競争をしないよう指導を受けていました。預金金利は各銀行で横並びです。店舗については、支店数や設置場所、新商品の開発も規制を受け、目立つ広告は競争につながるため禁止されました。テレビ広告はもちろんできず広告の内容も、きれいな女性がほほ笑むだけのような内容で、商品の訴求はできませんでした。

　当時は、金融機関同士で差別化を目指すこともできず、またその必要もない状況でした。利益は主に法人顧客から得ていたため、個人向けのリテール業務は軽視されます。消費者から収益を上げるための戦略的なマーケティングは行われません。各社とも基本的には、個人の販売力に頼っていました。

　このような環境が、金融ビッグバンによって大きく変わります。改革が進行し規制の廃止や緩和が進み、自由競争によって生産性を高め、サービスを改善し技術革新を促そうという試みが始まります。銀行・保険会社・証券会社において、業務の垣根を取り払っての相互参入が認められます。証券会社が銀行の仕事をすることや、証券会社が生命保険を扱うことが可能になりました。異業種や外資系による参入も認められます。これにより、商社・スーパー・コンビニなどが金融機関を設立し、またインターネット証券会社も参入します。株式売買委託手数料なども自由化され、投資信託商品も多様化し、銀行等での窓口販売も導入されました。保険価格も自由化されます。持株会社の設立が認められるようになり、大規模な統合・再編が可能になったことが 3 大金融機関の誕生を後押ししました。

　これらの改革が行われた結果、金融業界において自由競争が始まりました。各社とも他社と差別化し、優位性を訴求することが必要になります。生き残りや利益拡大のために個人とのビジネスも重要になっていきます。こうして初めて金融機関においても、マーケティングが必要になったのです。

　こういった歴史的な経緯からも、長期間かけて発達してきた従来型の

マーケティングと金融マーケティングは、異なるのです。

　ここまでは、金融商品と一般的な消費財の相違点について説明してきました。ここから少し、それぞれのマーケティングミックスについて触れておきたいと思います。そこには類似点と相違点が、ともに含まれます。

　「4P」というマーケティングミックスについては、既に説明しました。この概念は、金融においても共通します（例えば、「価格」と「手数料」といった形で表面的な違いはあります）。

　相違するのは、金融を含む無形サービス財のマーケティングミックスにおいては、4P 以外にも重要な要素がある点です。4P を普及させたフィリップ・コトラーは、「7P」という考え方を生み出しました。

　4P は、Product（製品）、Price（価格）、Promotion（プロモーション）、Place（流通）の 4 要素でした。新たに加えるのは下記の 3 つです。
・Personnel（人・要員）
・Process（業務プロセス・販売プロセス）
・Physical Evidence（物的証拠）

　以前に説明した 4P も含めて、金融の場合はどうなるか、それぞれについて説明を加えていきます。

・Product（製品）: 製品サービス（品質、機能等）、パッケージ、付帯サービス等
　銀行の場合は、普通預金、融資、カードローンなどが金融商品です。自動引き落とし、入出金などのサービスも Products に入ります。証券会社では株式や債券の売買取り次ぎ。生命保険会社の場合は終身保険、定期預金など、損害保険の場合は自動車保険、火災保険などです。法人融資の場合は資金そのものが Product です。

・Price（価格）: 価格、割引、支払い方法 等

　金融商品やサービスを利用する際に必要となる対価です。例えば、決済口座の口座維持手数料、入出金や振り込みなどの手数料、クレジットカードの年会費などが Price にあたります。割引や、一定条件を満たした場合の優遇措置なども、この Price の要素です。

・Place（流通）：販売経路、流通範囲、輸送、店舗立地、品揃え 等
　店舗、ATM、インターネットなど、金融サービス提供に用いられる場所、手段、メディアやツールなどが含まれます。投資信託を銀行の窓口で販売するケース、保険代理店を通じて保険販売を行うケースも多くありますが、ここでの代理店も Place となります。

・Promotion（プロモーション）：広告宣伝、広報、店頭販促 等
　各種メディアを使った広告宣伝や PR（パブリック・リレーションズ）が Promotion にあたります。フレッシャーズやボーナスなどのシーズンに行う販売促進キャンペーンも含まれます。インターネット上の自社サイトや SNS の公式ページなども Promotion の一部です。法人融資の顧客開拓のために紹介を依頼することも、一種の Promotion です。

　続けて以下は、金融を含むサービスのマーケティングにおいて重要な 3P です。

・people（人・要員）
　従業員、関係者、協力会社等までを含め、サービスを提供するスタッフ全般のことです。顧客にとっては、一人の接客スタッフの印象が、その企業や商品の印象を大きく左右します。
　銀行の窓口で対応するテラー、店舗で接客する案内係、富裕層を訪問して商談をする資産アドバイザーなどがこれにあたります。
　他業界の事例ですが、「スターバックス」ではアルバイトの研修にも３日間を費やすそうです。さらに、このブランドが好きな人が働くため、顧客に対して自然に、スターバックスらしさを体現した立ち居振る舞い

をします。これらが、質の高い接客サービスやブランド力の向上につながっています。

・Process（業務プロセス・販売プロセス）
　顧客との取り引きを効率的に進めて不満やクレームを無くすためには、Processが重要です。またここで顧客が体験したことは、印象に残ります。これをより良くすることでロイヤリティを高めて、継続的な顧客となってもらうことが可能になるのです。
　例えば、顧客が融資を受けるまでの過程がこのProcessにあたります。そこでどれくらいの時間、どういった状態で待つかといったこともProcessの要素です。他には、サイト上で顧客が情報を得て投資を行うまでのプロセスなども含まれます。
　他業界では「マクドナルド」の店頭におけるProcessの効率化の事例があります。店頭で、注文の場所と商品受け取りの場所を分けることで、商品提供時間が平均して10秒程度圧縮されたそうです。またレジ前の人の流れがスムーズになり混雑時の売り上げを伸ばしました。

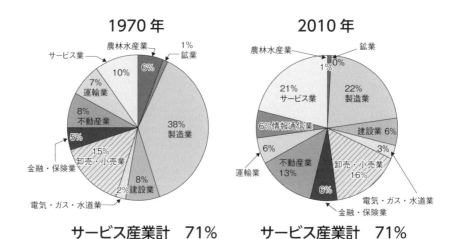

図４：GDPに占める日本のサービス産業のシェア推移
出典：内閣府「サービス産業の生産性 2014年4月18日」資料1 p2

・Physical Evidence（物的証拠）

　無形で目に見えない金融の商品やサービスを、目に見える形に変換したものです。安心して取り引きをしてもらうために必要となる要素です。

　例えば、継続加入後にほとんど接点が無くなる保険商品や住宅ローンにおいて、契約者に送る関連情報や挨拶状などがこれにあたります。また投資商品を保有する顧客に向けた、保有すべきかどうかのアドバイスも、Physical Evidence に含まれます。

　他業界の Physical Evidence としては「東京ディズニーランド」の例があります。パーク内からは外が見えないようにして非日常を演出する、顧客の弁当持ち込みを禁じて夢の世界にいる状態から醒めないようにする、などの試みが行われています。

　以上が基本的な、無形サービスのマーケティングミックス要素です。金融マーケティングにおいても、それぞれのバランスや相乗効果、一貫性などを考慮して、最適に組み合わせることがマーケティングの基本です。

4. 金融商品と顧客の関係

　さて、ここまでは金融商品と消費財について、その位置づけや歴史、マーケティングミックス方法などの視点で比較してきました。その結果、いくつかの類似点と相違点が浮かび上がってきました。

　相違が生まれる原因の一つは、金融業界そのものが短期間に急激に改革されて変化し、また拡大したことです。ただし、それは金融マーケティングにとって、必ずしもマイナスであったわけではありません。金融業界が注目されたことにより、このビジネスチャンスをものにしようと多

くの異業種企業が参入し、市場への投資が盛んに行われました。マーケティング投資も増えていき、2005年における業界別の広告費は他業界を抑えてトップになりました。トヨタや日産を含む自動車業界、資生堂などの化粧品業界、日清やキリンビールなど飲食業界を上回る量の広告が投下されたのです。

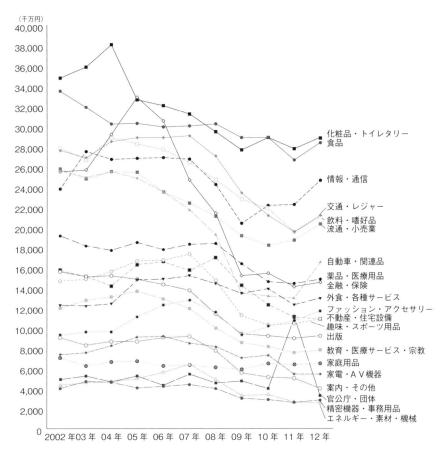

図５：業界別広告費の推移

この時期の金融広告の中には例えば、メガバンクの合併による新ブランド発表広告がありました。また外資系ダイレクト保険会社が顧客から

の反応を得るための大量のマス広告や消費者金融による大量の認知イメージアップの広告もありました。ただしこのローン商品に関しては、事業や広告に対する規制が強まり、広告出稿も減少していくことになります。もともと消費者金融などのローン商品の利用が急拡大した時点では、自由化と規制のバランスが上手くいっていなかったのです。

　例えばカードローンの広告コピーやデザインは全て、当局の意向に基づいたテレビ局の考査で、承認を受ける必要がありました。その過程で広告内容を微妙に調整しながら、最終案に持っていくといった作業が日常茶飯事でした。

　このように金融業界が混とんとする状況下でも、金融マーケティングは着々と進化しました。マーケティングや商品開発等の戦略構築のために、顧客の意識や行動に関する調査が数多く行われます。そこから、さまざまな発見が生まれ、実施を通じた検証が繰り返されました。そういった中で一般消費財とは異なる、金融のマーケティングが徐々に確立されていったのです。逆に言えば、従来型のマーケティングは、そのままでは金融の商品やサービスには使えませんでした。さまざまな試行錯誤から、金融に合う新たなマーケティング手法を見いだす必要があったのです。その大きな理由は、金融商品に対する顧客の意識や行動が、一般的な消費財に対するものと違うことです。

　以下は、金融の商品やサービスと、顧客の意識や行動の関連について見ていきます。そこから、金融マーケティングの特徴が少しずつ浮かび上がってきます。

　金融商品が他のあらゆる商品と異なる点は、その商品がほぼ「お金」である点です。世の中には、あらゆる商品があふれています。そしてそれらの商品を好む人がいます。例えば、車好きなら憧れの外車が欲しくてたまらないでしょう。また音楽マニアはレアな CD やレコード、音響機器に大枚をはたきます。グルメならミシュランの三ツ星で食べられる料理を想像するだけど涎が出るかもしれません。しかし、どれだけ魅力

的な商品よりも「お金」の方が、おそらく魅力では勝るのではないでしょうか。金融商品の本質は、いわば誰もが欲しがる「お金」なのです。

　このことを念頭に置きながら、金融商品と顧客の関わりにおいて特徴的な点および、そこから考えられる金融マーケティングの課題を３つほど上げていきます。

　第一は、金融商品が「形の無い商品」である点です。金融商品にはお金の代わりになるものや、お金と同じ働きや価値のあるものが多くあります。しかし、現実のお金のように手に取って、目で見ることはできません。もちろん、預金通帳や保険証券は、手元においておけます（デジタル化も進んでいますが）。しかし、それは金融商品そのものではありません。

　また仮に対価を払って金融商品を購入した人がいても、その目の前に商品がやってくるわけではありません。こういった特性ゆえに金融商品は、消費者にとって認識や理解が難しい商品です。マーケティングを行う企業からすれば、商品の特徴を理解させることや、欲しいと思わせることが難しいのです。

　また商品の特徴を説明することも簡単ではありません。特に他社との差別化が困難です。これが一般消費財であればどうでしょう。例えばバッグなどの雑貨に関して、その色合いや形状など「デザイン」で差別化できます。スポーツカーであれば独特のエンジン音や、キビキビと動くステアリングの操作感など「使用感」で顧客を魅了できるかもしれません。ビールは商品そのもので違いを出すのが難しい商品ですが、味わいや飲み心地と一貫したネーミングやパッケージを作ることで「イメージ」による差別化ができます。

　金融商品においては、上記のような方法で差別化し、商品を訴求することは困難です。従ってこれらとは異なる方法で「実体の無いものの魅力や特徴を訴求」していく必要があるのです。

　今から 20 年近く前ですが、ある金融機関のトップ経営者から、こんな話を聞いたことがあります。「将来の金融においては、札束や硬貨のやりとりは全く無くなり、取り引きする企業や人の間を単に、数字が行ったり来たりするだけになる。もはや金融ではなく、いわば数融とでも言う状況がやって来る」というものです。日本の社会においてデジタル化が進む直前の予言のような話でしたが、現状を見るとまさにその予想が現実化しています。2019 年の消費税増税を機に進んだキャッシュレス化も、この流れに一層の拍車をかけました。これからの金融において「実体の無いものの魅力や特徴を訴求する」という課題は重要なものであり続けるでしょう。

　次いで二番目の金融商品の特徴は「価値がポジティブと限らない」点です。
　2007 年改訂による最新の、米国マーケティング協会によるマーケティングの定義は次のようなものでした。「顧客、依頼人、パートナー、社会全体にとって価値ある提供物を創造・伝達・提供・交換する活動、制度、プロセス」です。注意して頂きたいのは「価値ある提供物」という表現です。「価値」の意味は小学館の「デジタル大辞泉」によれば、「その事物がどのくらい役に立つかの度合い。値打ち。」とあります。簡単に言えば "良いものであること" が価値だと言えるでしょう。

　では、金融商品の価値はなんでしょう。いったい、どんな時に役立つのでしょう。例えば生命保険が役立つのは、保険の対象となる被保険者が亡くなる場合や、病気やけがをする場合です。亡くなった人は帰ってきません。たとえお金を受け取っても、必ずしもポジティブに満足できるわけではなく、ネガティブな状況が少しましになる、といった状況でしょう。
　これが一般的な消費財の場合ならば顧客は、ビールを飲んで "おいしい"、車に乗って "快適"、宝飾品を身につけて "誇らしい" など、さまざまな役立ち方や価値を実感できるはずです。

またローンの場合はどうでしょう。カードローンや住宅ローンなど、さまざまなローン商品があります。ただし基本的に、一般的な消費者は借金をしたくないと考えています。お金が必要だけれど、手持ちのお金が無いし、他に借りられるところがない、という状況で初めて必要とされる商品です。しかも、借りたお金は利子をつけて返済しなければなりません。借りる金額や期間が長いほど、利子は増えていきます。この商品の価値は、お金を借りて「一次的には楽になるか、とりあえずは必要な物が手に入る」といったものでしょうか。問題が解決したように見えても、負担は大きくなって戻ってきます。従って、この価値においても、やはりネガティブな要素が含まれます。

　もちろん金融の商品やサービスの中には、ポジティブな価値を感じやすい商品もあります。例えば、支払いをネットで済ませることのできる銀行決済サービスには「利便性」という価値があります。しかしながら多くの金融商品においては「商品価値の中にネガティブな要素があり、なかなか価値を感じにくい」と考えてよいでしょう。

　三番目の金融商品の特徴は「心理的なバリアを乗り越えて買う商品」であることです。

　一般的な消費財であれば顧客が、その商品が欲しい、または必要だと思えば、そして支払いに必要なお金を問題なく用意できるのであれば、特に抵抗なく購入するはずです。

　一方で金融商品においては、購入の際に心理的バリアの存在が浮かび上がることがしばしばあります。

　例えば保険商品は死亡時の保険金、手術給付金、日額の入院給付金などが商品概要として示されています。これらを比較検討しながら保険に加入するわけですが、当然ながら一家の大黒柱を失ってしまう、あるいは家庭を切り盛りする主婦が入院して手術を受ける、などの状況をリアルに想像しなければなりません。考えるだけで相当のストレスがあります。

　またローン商品の場合は、さらにいくつかの「抵抗感」があります。

　以前に、「ローンでお金を借りない理由」の調査結果を見てみると、一つは「借りた結果、返せるかがわからない不安」です。今お金が無いばかりにローンを借りることになったわけですから、この状況が確実に改善されなければ返済は不能です。確実に返せるかどうか、先のことはわかりません。返せなければ利息は容赦なく増えますし、自分の社会的信用も失うことになります。この不安は当然、小さくありません。

　もう一つは「金融機関からの扱われ方に対する不安」です。借金をした履歴が残ると、仮にきちんと返済していたとしても、住宅ローンなどを借りたい時に断られるのではないかと心配する人もいます。借り先が消費者金融であれば、返済の催促が怖いと想像する人もいます。

　しかしながらローン商品を借りない理由は、それらだけにとどまりませんでした。調査によって、もう一つ大きな理由が明らかになったのです。それは「借りてしまう自分自身に対する自己嫌悪」です。日本人は特に、お金をむやみに借りるものではない、という意識を持ちます。そういった教えを、小さいころから聞かされて育っているためです。その結果、お金を借りることは"悪いこと"という意識が心の中に隠れています。そうなるとローンを借りる時点で、"悪いことをしている自分自身を認める"ことになります。そこで自己嫌悪の感情が湧いてきます。この抵抗感（＝バリア）を払拭しない限り、ローン商品の購入には至らないのです。

　これらの例からわかるように、金融商品は時に、"健康で幸せな家庭を失う不安"、"欲を出して失敗し自信を喪失する不安"、"自分自身に対する自己嫌悪"など「さまざまな心理的バリアを乗り越えて購入する商品」ということになるのです。

　ここまで「金融商品と顧客の関係」について、例をあげて解説しました。金融商品には、いくつかの特徴があります。

　まず「実体の無いものの魅力や特徴を訴求する」必要があります。また「商品価値の中にネガティブな要素があり、なかなか価値を感じにくい」商品です。さらに「さまざまな心理的バリアを乗り越えて購入する

商品」でもあります。

　金融商品は、その良さや価値はわかりにくく感じにくい、それがわかっても行動に移りにくいものです。そこが一般的な消費財のマーケティングと違うところです。

　ただし逆に言えば、これらの課題を解決さえすれば、金融商品のマーケティングは、成功につながるのです。

①「カタチ」が無いため認知しにくい

②「プラスの価値」とは限らない

③時に「心的バリア」を乗り越えて買う

**その良さや価値はわかりにくく感じにくい
それがわかっても行動に移りにくい**

図6：金融商品と顧客の関係

第2章
行動経済学の活用

1. なぜ行動経済学を学ぶのか
2. 不合理な判断の仕組み
3. 行動経済学の法則と、思考のクセの突き方

1. なぜ行動経済学を学ぶのか
～マーケティング理論に欠かせない経済と心理～

　この章では、現在マーケティングや販売戦略には欠かせなくなっている「行動経済学」について学びます。この学問はごく簡単に一言でいうとすれば、心理学と経済学を合わせた学問です。経済現象や経済問題の背後にある人間の行動を、人間の特性や心理面から解き明かす経済学ということもできます。経済学は生産、消費、売買など、お金の動きや、お金になりうる価値について研究する学問です。一方、心理学は、人間の心と行動や身体のメカニズムを解明します。一見遠いように見える、これら二つの学問が一つになることで、新たな視点で、お金の使い方等を含む人の心と行動について理解できます。

　歴史をさかのぼると、経済学が確立した18世紀には、これら二つの学問は近い関係にありました。心理学が、まだ科学として確立されていなかったこともあり、経済学者が心理学者を兼ねているケースもあったのです。

　例えば"経済学の父"と呼ばれる有名な経済学者、アダム・スミスもこのような学者の一人です。スミスの最初の著作の題名は「道徳感情論」でした。その中でスミスは、人間が利己的に行動しながら社会秩序が保たれる理由は、社会からの認知や他人への共感によるものだと説きます。このようにして著作の中でスミスは、社会の成り立ちと人間の心理の関わりを分析しました。

　実はアダム・スミスを含め、この時代の経済学者の多くが人間の心理や行動を研究することの重要性を指摘しています。ところが、その後の経済学の主流は、徐々に心理学から離れていきます。

　古典派経済学の時代を経て、近代経済学（新古典派経済学）へと続く約200年間において、数学的モデルを構築や分析に重点が置かれるようになりました。統計学、計量経済学を用いてモデルの妥当性が盛んに検

証されます。そこでの人間は、複雑な心理をもつ人物ではなく、モデルや理論を組み立てる際に、適用しやすい存在である必要がありました。

　この人間はラテン語の「ホモ・エコノミカス（経済人）」と呼ばれました。感情をもたず常に冷静で、経済的な合理性のみに基づいて行動する個人主義的な人間です。常に、自分の物質的利益を最大になるよう追求するよう、経済合理性や打算に従って動く、まるで機械のような存在です。

　この仮説に強く異を唱えたのが、1978 年にノーベル経済学書を受賞した、米国の経済学者で、心理学者兼情報科学者でもあるハーバート・サイモンです。
　サイモンは人間の認知能力に限界があることを理由に、人間は完全に合理的な行動を取ることはできないと主張します。そして、限られた範囲で合理的な行動をとる「限定合理性」という概念を生み出しました。

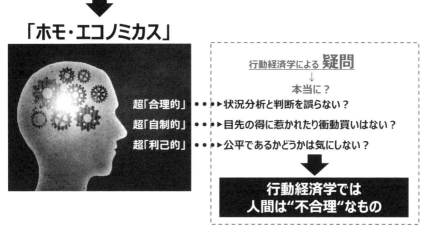

図１：「ホモ・エコノミカス」のイメージ図

さらに、現実の人間は最適な選択ではなく、一定水準以上のものを選ぶという「満足化」原理や、選択結果の合理性より選択の過程や方法の合理性が重要とする「手続き的合理性」など、革新的な発想を生み出しました。

　ところが当時の経済学者たちの間では、厳密な数学的分析や、モデル化による操作を行いにくいハーバート・サイモンの説は、受け入れられませんでした。しかしながら、心の性質を理解し理論の構築に加えることが重要だという主張や、ホモ・エコノミカス等を否定する姿勢は、後世に引き継がれます。

　この流れに結実したのが、ダニエル・カーネマンと、エイモス・トヴェルスキーという二人の行動経済学者による「プロスペクト理論」です。1979 年に発表されたこの画期的理論については追って説明しますが、この時期から経済学者のみでなく、認知心理学者などとも協働することで研究が活発になります。

　ダニエル・カーネマンは 2002 年にノーベル経済学賞を受賞します。さらに、ロバート・シラーが 2013 年に、リチャード・セイラーが 2017 年に、それぞれノーベル経済学賞を受賞しました。わずか 15 年ほどの間に行動経済学者の中から、3 人ものノーベル賞受賞者が生まれたのです。当初は異端と見られた行動経済学も、徐々に経済学の中で大きな位置を占めるようになりました。

　行動経済学では、過去の経済学における人間像「ホモ・エコノミカス」と異なる、感情を持つ生身の人物像を、基本的な人間と見立てます。リチャード・セイラーは経済的に合理的な人間を「エコン」と呼び、もっと不合理な一般的な人間を「ヒューマン」と呼んでいます。実際の人間像であるヒューマンは、不合理な判断もしますし、他人のために自分を犠牲にする利他的な行動も取ります。

　このような人間的な行動は、多岐に渡ります。必ずしもポジティブな

ものばかりではなく、明らかに損をする方向へ向かう行動も数多く見られます。

　自分をコントロールできず、状況によって判断を変えることや、間違えることがあります。限られた情報を絶対的なものと誤解することもあります。こういった不合理な選択を行うのがリアルな人間です。

　行動経済学は、このような不合理な行動を明らかにします。その仕組みやパターンを明確にし、法則化しています。

　実はここに、金融マーケティングにおいて行動経済学を学ぶ意味があります。

　現在は、リアルな現場からデジタルネットワーク上まで情報があふれています。何か商品を買おうとした時に、その選択肢は際限なく広がります。例えばデジタルカメラ一つ取っても、メーカーやブランド、最新の商品から型落ちまで、無数の選択肢があります。その選択肢が比較可能な量を越えることもあるでしょう。購入する商品を決めたとしても、どの店で購入するのかを決める際も一苦労がありますネットショップでは、送料や配送までに時間がかかることが気になるかもしれません。また、店ごとに価格が異なりますし、ポイントやクーポン下取りなども考慮すると値段で比較するのも難しい場合もあります。

　結局、最良の選択をしようとするとキリが無いのです。最終的には、集めきれない情報群の中から、限られた選択肢を選び、その中で"まあ、良さそうなもの"を勢いと共に選ぶといった状況ではないでしょうか。これは一般的な消費財であっても、金融商品であっても同じことです。

　「エコン」が行う「全ての情報を網羅し、最適な選択をすること」は、確かに合理的な選択です。しかし合理的に"買い物"することだけが目的ではないヒューマンにとって、すべての商品でベストな選択をすることが、合理的なお金や時間の使い方にはなりません。特に買い物の場面は、情報過多で、かつ選択困難な状況です。結果的に、圧倒的多数のヒュー

マンが、「不合理な選択」をしているのです。

　ゆえに、その不合理な行動パターンを知ったうえで、マーケティングの戦略や戦術を構築することは有効です。

　さて、ここからは行動経済学による、さまざまな人間の選択や行動について具体的に見ていくことにしましょう。

2. 不合理な判断の仕組み

　人間はさまざまな不合理な選択や行動を取りますが、自分自身で不合理な行動をしているという認識はありません。むしろ理論的で一貫した意思決定をしていると認識しています。この認識は「一貫性幻想」と言われます。

　それにもかかわらず矛盾した判断をしてしまう時に、自分の心の中で感じる不快感のことを「認知的不協和」といいます。人間の心の中では無意識のうちに、これを解消して一貫性を回復しようという働きが起きるのです。

　人間が不合理な判断をするには理由があります。脳のシステムによって判断を誤るのです。まずは典型的な判断ミスのパターンを紹介しましょう。

　次の質問の答えを考えてみて下さい。

　「バットとボールは合わせて 1,100 円です。バットの値段はボールより 1,000 円高いです。ではボールの値段はいくらでしょう?」

　この問題に解答しようとすると、1,100 円 − 1,000 円 = 100 円
と多くの人が誤答してしまいます。

　米国での類似の問題に対しては、ハーバードやプリンストン、マサチューセッツ工科大学といった優秀な学校の学生であっても、50％以上が間違った答えを出しました。

　こういった間違いが起きる理由は、脳による判断の仕組みに原因があります。脳内ではシステム１とシステム２という、２つの思考モードが働いています。この２つは下記のように、働きが異なります。
・システム１：努力せずコントロールの意識も無く、自動的に早く働く
・システム２：意識的な選択、複雑な問題を解くなど知的活動において
　働く

　システム１は目覚めている時には常時、働いています。何か刺激があれば反応します。システム２は、それを受けて必要があれば、補正や確認を行います。常に２つのシステムが働くわけではなく、効率的に役割を分担する構造です。
　ただ、システム１が早く答えを出そうとするあまりに判断を誤る場合があります。また、システム１が出した誤った答えをシステム２がチェックしきれないこともあります。その結果、不合理でおかしな判断をしてしまうのです。

　さて上記の質問において、脳内システムの働き方はどうなっているでしょう。
　簡単そうな問題なので、素早く答えを出そうとして、目についた２つの数字から、1,100 円 − 1,000 円という計算をしてしまいがちです。これはシステム１の働きです。
　ところが問題文から、バットとボールの価格差が 1,000 円という条件を思い出し、修正をすることで、バットは 1,050 円、ボールは 50 円という正しい答えを導けます。

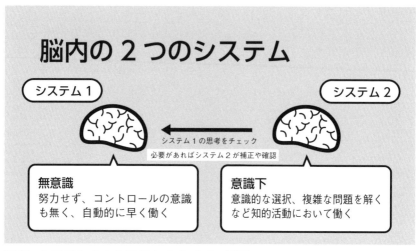

図２：システム１とシステム２のイメージ図

3. 行動経済学の法則と、思考のクセの突き方

　ここからは、人間の不合理な選択や行動の事例について、行動経済学の法則と合わせて営業戦略にどう生かせるかという観点と共に考察します。

● もったいない病の正体「サンクコスト効果」

　人間は既に使った「コスト」を無駄にしたくない、失敗を認めたくないと考えてしまいがちです。過去に費やした、時間、金、労力は当然、二度と戻ってこないのに、あたかも、これらが無駄ではなかったかのように行動してしまうことをサンクコスト効果といいます。たとえ損するとがわかっていても、お金や時間を使ってしまったプロジェクトは途中で止めることができなくなります。

　事例としてはECサイトの、「今回の注文合計が〇〇円になれば送料

無料」といったキャンペーンがあります。これにより消費者は、せっかく条件の途中まで買ったのだから、これを無駄にしたくないと考えて追加購入してしまいます。あるいは、食べ放題の店に入った時に、思わず食べ過ぎてしまう経験は誰にもあるものです。既に支払った食事代をできる限り無駄にしたくないと思ってしまう心理も同様です。

SBI証券が「はじめての投資はTポイントで」という新しいサービスを作りました。これは顧客に100円でもいいので、コストを使ってもらい、その後サンクコスト効果により取引を継続してもらうことで、最終的にメイン化を目指していく戦略が見え隠れしています。

損だけは絶対に避けたい「プロスペクト理論」

プロスペクト理論は、ノーベル経済学賞受賞者のダニエル・カーネマンとエイモス・トヴェルスキーによって発見されました。

彼らは「人は損得の絶対量でなく、損得の変化量から喜びや悲しみを感じる」と考えました。

例えば、次の二人の人を想像してみて下さい。

Aさん：昨日は100円もらえたが、今日もらえたのは500円。

Bさん：昨日は900円もらえたが、今日もらえたのは500円。

絶対量で幸せが決まるなら、二人の幸福度は同程度のはずです。

ところが、Aさんの方が大きな幸福度を感じます。それぞれの「変化」の違いが影響しています。

この時、それぞれの幸福度の基準となるのが「参照点」です。Aさんの参照点は100円であり、昨日に比べて400円の得があったため幸福度が高いのです。逆にBさんの参照点は900円で、昨日よりも400円も損したという変化が低い幸福度に繋がります。

「プロスペクト理論」における「損失回避」

プロスペクト理論に基づく、損得と満足度の関係を表したグラフが「価

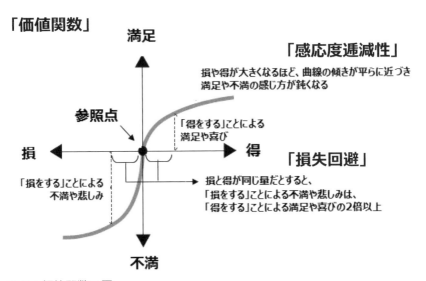

「価値関数」

満足

「感応度逓減性」

損や得が大きくなるほど、曲線の傾きが平らに近づき
満足や不満の感じ方が鈍くなる

参照点

「得をする」ことによる
満足や喜び

損 ◄━━━━━► 得

「損失回避」

「損をする」ことによる
不満や悲しみ

損と得が同じ量だとすると、
「損をする」ことによる不満や悲しみは、
「得をする」ことによる満足や喜びの2倍以上

不満

図3：価値関数の図

値関数」です。グラフ上で右に寄るほど得を、左に寄るほど損をしたと
考えます。この変化によって、上に行くほど満足や喜びを感じ、下に行
くほど不満や悲しみを感じるというグラフです。基本的には、右に寄る
ほど満足が高まりグラフは上向き、左に寄ると逆に不満が高まり下向き
になります。事前に損得がないため、基準となる「参照点」は中心にな
ります。

　同程度の得と損によって、満足と不満の度合いを見ると、不満が満足
を大きく上回って2倍以上になります。同じだけの得と損ならば、損を
した不満が大きくなるのです。これに伴い人間は、損失を避けようとし
ます。これが「損失回避」です。損失回避は、じっくり検討した結果で
はなく反射的に起きる反応なので、これによって結果的に損をするケー
スが多々あります。

● 「価値関数」と「感応度逓減性」

　価値関数のグラフで、損得と満足不満足の関係を表す線は直線ではな

く、曲線でできています。これは、プロスペクト法則の一つ "人の反応が線形でない" ことを示しています。また損得が大きくなるほどに、つまり中心から左右に遠ざかるほどに、反応を示す上り幅と下がり幅は小さくなっていきます。

これが「感応度逓減性」です。

損得の値が小さいうちは、小さな変化だけで満足や不満が大きく変化します。逆に損得の値が大きくなるにつれ、変化による影響が弱まります。気温で例えれば、25 度から 30 度に上がるより、0 度から 5 度に上がる方が、同じ 5 度でもより暖かくなったように感じます。これも感応度逓減性によるものです。

● プロスペクト理論と投資

読者の皆様が金融業界にいるなら、このプロスペクト理論と金融の大きな親和性にお気付きになったのではないでしょうか。つまり、株や投資信託の売買のタイミングに大きな影響を与えているのは、客観的にいくら儲けた（損した）のかではなく、昨日（去年）と比べてどれだけ儲かった（損した）のかであると考えられます。

昨日と比べて今日 10% 値下がりしている銘柄は、すぐに決済して利益を確定させたくなります。逆に 1 年かけてゆっくり値下がりした銘柄は、比較的冷静に今の価格が適正なのかどうかを判断できます。アドバイザーとしての役割を果たすべき個人渉外の皆様は、お客様にプロスペクト理論を紹介し、そのうえで冷静な判断するようアドバイスすることも重要ではないでしょうか？

● 買うときは 300 円でも売るときは 600 円 「保有効果」

人が何かを自分のものとして保有すると、それが良いものに感じられて手放したくなくなります。自分の保有物の価値を極端に高く感じるのです。この心理現象を、行動経済学では「保有効果」と呼びます。これは損失回避によって生まれる心理的バイアスです。自分の保有物を失うことを損失ととらえ、避けようとするのです。

ある実験では、学生同士でマグカップを売買する時の値付けを調べました。学生の半分にマグカップを渡し、残り半分の学生に売る際の、売り値を付けさせます。残り半分の学生は買い手となって値付けをし、売り値との比較をします。この結果、それぞれの評価額に大きな差が出ました。買い手が300円前後になるのに対して売り手は600円前後の値付けをしました。2倍近い差が出たのです。これは、一度マグカップを手に入れた学生が、売ることを損失と感じ、高い値付けをしたと解釈できます。

　保有効果は形のある物体だけではなく、地位、利権、権力など無形物においても影響します。例えば、高い地位にある人がそれを失うまいと必死になる時には、保有効果に縛られている可能性があります。

● 手間が愛着を生む「IKEA効果」

　自分の所有物に高い価値を置く心理的バイアスが保有効果でした。これに似た"自分が関与する対象を高く評価する"バイアスを、デューク大学のダン・アリエリー教授は、「IKEA効果」と呼びました。スウェーデン発祥で世界最大の家具量販店「IKEA」から発想されたものです。

　IKEAの家具は、商品によっては自宅で組み立てる必要があります。顧客にあえて手間をかけさせることで、家具に対する愛着を生み出し、高い価値を感じさせます。

　他にも類似事例があります。1940年代の米国での「ホットケーキミックス」です。ミックスの粉に水を混ぜて焼くだけで簡単に作れたのですが、発売当初、あまり売れませんでした。そこである時、購入者が自分で卵と牛乳を加える製法に変えると、売れ行きが大きく伸びたのです。ユーザーに手間をかけさせることで、手作りの楽しみや自分で作った満足感を与えることができたのです。これもIKEA効果の影響です。

　また、家庭菜園で自分が作った野菜が、スーパーで買ったものより美味しく感じられるのも同様です。人間は、自分が努力した結果や、達成した目標を高く評価したくなるのです。

● 設備投資に消極的な理由とは？

経理システムが未だに古く、クラウド化はもちろん最新の OS にも対応していない。そのため渋々古いパソコンで対応しているという事例は、中小企業ではよくある話です。実はこれも保有効果が関係しています。既に使っているシステムに苦労して慣れたという IKEA 効果も相まって効率的に作業ができる新システムへの移行が遅れてしまうのです。

設備投資や新規提案の前に、こうした雑談を挟むと商談が前に進みやすくなるかもしれません。

● 一日当たり「たった 100 円」でお馴染み「フレーミング効果」

課題や質問の提示や表現の方法によって判断が変わるバイアスを「フレーミング効果」と呼びます。人は同じ内容を見聞きしても、表現の仕方によって異なる受取り方をします。表現の仕方、即ち判断や選択のフレーム（枠）が変わることで、判断や選択も変わるのです。ただし人間は普段、さまざまなフレームの存在を意識することはありません。

以前、フレーミングを題材にした大和証券グループのテレビ CM が放映されていました。短いストーリーですが、床屋の主人とそこで働く青年が二人、店の中で話す設定です。

まず床屋の主人が、「この給料の 2 割を貯金するように」と言います。すると彼は「無理だ」と答えます。しかし主人が、「この給料の 8 割で暮らしてごらん」と言いかえます。すると青年は「やってみる」と答えるのです。画面の最後には、次のようなセリフが映されて CM が終わります。

「人は思い込みにより事実を正確に捉えていないことがある」

これは商品や価格の魅力だけでなく見せ方も大切であることを示唆しています。「一日当たり 137 円の保険料」と「1 年当たり 50,000 円の保険料」を比べてみると日割り計算した方が低く見えるのではないでしょ

うか。資料やパンフレットの作成商品説明の際に、お客様がどんな印象を持つのか。少しでもお得に見えるような見せ方はないか？と検討してみましょう。

● クレジットカードはお金を使っている認識が薄い？ 「メンタル・アカウンティング」

　フレーミング効果の中でも、特にお金に関する心理的バイアスを「メンタル・アカウンティング」といいます。お金に関する選択や行動において、さまざまな要素から総合的に判断をすることなく、狭いフレームの中で判断してしまうものです。このバイアスによって、同じお金でも、入手方法、使途、名目などによって、価値の感じ方が変わります。

　典型例として「ハウスマネー効果」があります。ハウスマネーとは、ギャンブルで使われる"カジノのお金"やメダルゲームにおけるメダル、パチンコにおける残玉等に代表される現金に換金できる通貨です。

　ハウスマネーは現金に交換できるため、現金と同様に重要視されると考えがちですが、実は現金よりも粗末に扱われます。

　大切に貯金されるのでなく、再びギャンブルで浪費されることも多いです。

　その他に現金かクレジットカードかなど、支払い方においてもメンタル・アカウンティングが影響します。

　ある実験では、実験参加者がバスケットボールのプラチナチケットを競り落とすオークションに参加しました。実験参加者の半分は現金で支払い、残る半分はクレジットカードで支払います。この結果、クレジットカードのグループが提示した入札価格の平均は、現金のグループの約2倍に達したのです。クレジットカードを使うと、現金で払うよりも多額のお金を使ってしまうことが証明される実験でした。

　また、ギャンブルや贈与相続などで努力もせず手に入れたお金、いわゆるあぶく銭は、ハウスマネー同様に軽視され浪費される傾向があります。これをあぶく銭効果と呼びます。

宝くじの高額当選者だけに配られるという「その日から読む本」では、あぶく銭効果によって高額当選者を不幸にしないための知識が書かれていることは有名です。

● 本当に何でもいいですか？　初期値効果

初期値効果とは、最初に与えられた条件をそのまま受け入れることが多いという心理効果です。変化を恐れる「現状維持バイアス」も関係していると考えられています。

わかりやすい例は、保険商品のオプションです。

A医療保険は、入院給付金が5,000円とがん給付金が付いています。ただしがん給付金は、外すことができます。また、七代疾病の給付金や手術給付金は別途、オプションで追加できます。

上記のケースでは、基本保障が、入院給付金5,000円。オプションが①がん②七代疾病③手術保障の３つに分かれている商品ですが、最初から付いているがん保障は、そのまま継続され、ほかの２つは申し込まれない傾向が強いです。

● 確率の数値を無視して損をする　「確率加重関数」

プロスペクト理論を構成する、要素の一つに「確率加重関数」があります。確率加重関数とはつまり「実際に何かが起きる確率」と「それがどのくらいの確率で起きるかの感覚的な確率」が異なることを示しています。特に左下隅の０％の時と、右上隅の100％の時に、実際と感覚とのズレが大きくなります。

つまり、０％に非常に近い確率で起きることは、実際以上に高い確率に感じてしまいます。逆に、100％に至らない場合には、それが99.999…％といった高確率であったとしても、実際よりも低い確率であると思ってしまうのです。

この心理によって販売を有効に行う商品の典型的な例は「宝くじ」です。ジャンボ宝くじで２億円が当たる確率は、0.00001％と言われます。限りなくゼロに近い数字ですが、ゼロではありません。この確率は実際

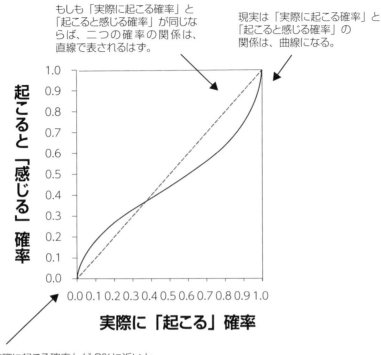

もしも「実際に起こる確率」と「起こると感じる確率」が同じならば、二つの確率の関係は、直線で表されるはず。

現実は「実際に起こる確率」と「起こると感じる確率」の関係は、曲線になる。

「実際に起こる確率」が0%に近いと、「起こると感じる確率」は、実際以上に高くなる。

図4：確率加重関数の図

以上に高く感じられるため、多くの人が買ってしまうのです。

　「保険への加入」においても、この心理が有効に働きます。
　事故で損害を被る確率が1万分の1であるにも関わらず、その1が起きた場合には100％の安心を得られるという商品に人は魅力を感じます。
　そのため積極的に保険に入り、万一の事態に備えようとするのです。
　この保険加入のように、人間はゼロリスクと感じられることを重視し、高い価値を感じます。

それと同時に確実に手に入る得にも強い魅力を感じます。このような心理を「確実性効果」とも呼んでいます。

損害を被ったら、コインを投げて50％の確率で保険金が２倍もらえる保険よりも、100％の確率で保険金がもらえる方が安心です。

この影響もあって、「保険」として示されると、低い確率で起きるはずの「壊れる、失う、病気になる」などに対して、これらが起きない方に賭けて様子見をするのでなく、保険料を支払うという確実な損失があっても保険に加入してしまいます。この心理を「保険文脈」と呼びます。

● 早とちりの原因は「ヒューリスティック」にある

ヒューリスティックとは、必ずしも正しい答えが出せる保証はないものの、短時間で簡易的に、ある程度の正しい答えを出せる思考方法です。ヒューリスティック（heuristics）の語源は「見つける」という意味のギリシャ語です。

● いつもの商品がいつも売れている理由とは？ 「利用可能性ヒューリスティック」

ヒューリスティックのパターンの一つに「利用可能性ヒューリスティック」があります。これは日頃よく目にしたり、印象的だったりしたこと、つまり思い出しやすい記憶を根拠に判断をしてしまうバイアスです。記憶が鮮明であるほど、その頻度や確率を高く考える傾向があります。

例えば、自動車事故や住宅の火災などは、テレビのニュースや新聞の報道で頻繁に目にします。すると、それが現実に起きる確率は実際以上に高いと考えてしまうのです。これは"思い込み"に近いものです。

わかりやすい例は飛行機事故です。この印象は強いので、事故の起きた後には、飛行機の利用が減ります。また大きな震災の後に地震保険へ

の加入が増えるのも、利用可能性ヒューリスティックの影響です。

　この利用可能性ヒューリスティックが、新商品が定番商品に勝ちにくい理由を説明してくれます。たとえば、緑茶飲料を選ぶ基準について顧客にアンケートを取ってた結果、「味」「価格」「香り」「量」の４点で判断していると分かりました。もちろん顧客は正直に答えています。しかし新商品として判断基準の４点について、よりすぐれた緑茶飲料を発売してもなかなか定番商品の売り上げに追いつくことはできません。

　その理由はそもそも緑茶飲料を購入する際、深く考えて買っていないからです。いつものお茶をいつものように買い物かごに入れている人が多く、いちいち比較検討は行いません。これは営業戦略でも同様のことが言えます。
　あなたが顧客にとって「いつもの人」になれば、一番に連絡が来てそのまま他社と比較されることなく契約に繋がるケースが増えます。

●「代表性ヒューリスティック」

　また別のパターンに「代表性ヒューリスティック」があります。これは、あるグループに属する特定の集団やメンバーにおいて、典型的と思われる事柄に着目しすぎて、その確率を高く考えすぎてしまうバイアスです。例えば、次の質問に、あなたはどう答えますか。
　「ある朝、高校の校舎ですべての窓ガラスが割られていました。ＡとＢのどちらが犯人でしょうか？」
　Ａ：高校生
　Ｂ：暴走族の不良男子高生
　過去の実験では多くの人が「Ｂ」を選択しました。ただ、よく考えればわかるように「Ｂ：暴走族の不良男子高生」は「Ａ：高校生」の一部です。従って犯人が「Ｂ：暴走族の不良男子高生」だった時に、「Ａ：高校生」と答えても正解です。仮に「暴走族や不良ではない普通の高校生」が犯人であった場合に「Ａ：高校生」は正解ですが、「Ｂ：暴走族の不良

男子高生」は不正解です。従って確率で言えば「Ａ：高校生」が犯人である確率が高いという結果になるのです。

暴走族や不良という言葉の印象にひきずられて、「Ｂ：暴走族の不良男子高生」と答えてしまうのは、代表性ヒューリスティックの影響です。論理的に「ある」と判断できる確率よりも、「ありそうな」という印象、で判断してしまうのです。

他にも例えば次のような例があります。ある居酒屋は鮮魚店が経営しています。すると、そのメニューの中で魚に関わるつまみを頼みたくなります。調理する人は鮮魚店と全く関係ないにも関わらず魚のメニューがおいしいと思ってしまうのは代表性ヒューリスティクスの影響です。

●「決定麻痺」

人間は選択肢が多すぎると、その選択を先に延ばしたり、選択を止めてしまいます。これが「決定麻痺」です。

コロンビア大学教授のシーナ・アイエンガーによる実験では、選択肢が多すぎると購買に結びつかない、という結果が出ました。実験の方法は、スーパーにジャムの試食コーナーを設置し、24種類を並べる陳列パターンと、6種類を並べる陳列パターンを比較するものです。客が試食する率は24種類では60％、6種類では40％と、バリエーションが豊富なほど人が集まりました。ところが、試食後の購入率では結果が逆転します。24種類の試食後に購入した客は、試食した客の3％にとどまりました。しかし6種類の試食をした客は、30％が購入したのです。この結果は、お金を出して購入を決定する場合は、選択肢が多すぎると、選択を止めることを示しています。これは「決定麻痺」の影響です。

アイエンガーは、ジャム以外にも多くの商品で同様の実験を行い、次の3つの結果を導き出しました。
1. 選択肢が多いほど、人は選択を避け、先送りする傾向が高まる。
2. 選択肢が多いほど、人は選択を誤りがちである。
3. 選択肢が多いほど、人は自分のした選択への満足感が低くなる。

このように「選択できる数を増やす」ことが有効でないとすると、どうすればジャムは売れるのでしょうか。

答えは「選択する理由とストーリーを明確にする」です。

人間は、選択するうえでの根拠や選択に至るストーリーがあれば、それが少々怪しくても、選択行動に進みます。つまりもっと簡単に言い換えると、「根拠があること」「根拠を説明できること」です。

例えばイチゴジャムは、店主が厳選したこだわりのイチゴを使っており、秘伝の隠し味を混ぜて作ったお店一押しの商品があるとします。しかも、形の悪いイチゴという訳アリの材料を買い取って作っているため、値段も安価に抑えられていることを示します。

このように、イチゴジャムのバリエーションを増やすよりも、なぜこのイチゴジャムを買うべきかが明確になっていると顧客は商品を買いやすいのです。

●「アンカリング」

アンカリングとは、先行する何らかの数値（＝アンカー）によって、その後の判断がゆがめられ、後からの判断がアンカーに近づく心理です。アンカーの意味は船の錨です。船が錨の周囲から離れられないのと同様に、判断もアンカーから近い範囲で行ってしまうのです。

ダニエル・カーネマンとエイモス・トヴェルスキーはこれに関する実験を行いました。「国連加盟国のうちアフリカの国の割合は何％か」を対象者に尋ねるものです。ただし直前に一つの質問をします。半数には「国連加盟国におけるアフリカの国の割合は、65％よりも大きいか小さいか」と問い、残りの半数には「国連加盟国におけるアフリカの国の割合は、10％よりも大きいか小さいか」と問います。それぞれの質問は答えを出させることが目的ではなく、65と10という二つの数字をアンカーとして、刷り込むことです。この結果、65％と比較した対象者の回答の中央値は「45％」、10％と比較した対象者は「25％」となりました。この実験の結果は、アンカリングに影響されたものです。

アンカリング効果は、しばしば値付けの際に利用されている心理効果です。

埼玉県のとあるレストランでは、相場より少し高めの 1,200 円のシェフの特製ペペロンチーノが人気です。少し高いと感じる方もいるかもしれませんが、他のメニューは軒並み 2,000 円を超えており、しかも「カツレツ」「洋風カレー」などと味気ないメニュー名になっています。

このお店では、他の商品をアンカーとして平均単価が高いお店だと客に認識させることで、特に魅力的なシェフの特製がお手頃価格で食べられることを強く印象付けているのです。

このような仕組みは、ファミリーレストランや居酒屋の飲み放題でも使われています。

オレンジジュースを単品注文すると 1 杯 300 円ですが、ドリンクバーは飲み放題でたった 350 円です。2 杯飲めば元が取れてしまう！と考えてしまいがちです。

また居酒屋では、次のような説明をよく目にするのではないでしょうか？

「皆様 3 杯以上飲まれるようなら、飲み放題の方がお得です」

もちろん、ドリンクバーの原価率は一杯当たり 20 円程度であり、居酒屋のドリンクメニューも 100 円を超えることはほとんどありません。しかし、顧客側は原価ではなく、アンカーとして最初に提示されたドリンクの料金を元に考えるため、多くのお客が飲み放題はお得であると勘違いしてしまいます。

●「現状維持バイアス」

未知なもの、未体験のものを受け入れず現状を保とうとするのが、現状維持バイアスです。もし現状から何か変化があれば、損失の可能性があります。現状を続ければ、少なくとも未知のリスクにさらされることはありません。すると損失回避の心理が働き、損失を避けようとして現状に固執するのです。

この現状維持バイアスは「現状」をアンカーとしたアンカリング効果と見ることもできます。

　日常的な事例として、一度お気に入りになったファッションブランドは、新作が出る度に、あまり検討せず買い続ける人がいます。また機会があるごとに"行きつけ"の飲食店に通う習慣を持つ人もいます。これらは未知のブランドや店を選ぶリスクを避けようとした現状維持バイアスの結果です。

●「ハロー効果」

　これは、人や物への一つの鮮やかな印象が総合的な印象に影響するという心理的バイアスです。第一印象に引きずられると言い換えてもいいでしょう。これは第一印象がアンカーとなった「アンカリング」と同じ原理です。

　ハローとは、仏教美術やキリスト教美術などで、神仏や聖人の体から発する光「後光」のことです。後光がさしているかのような印象が判断に影響することがあります。

　例えば、「村上春樹」脚本による映画があったとしたら、どんな印象を持ちますか？　村上春樹が、過去に小説家として大ヒット作品をいくつも生み出し国際的にも評価を受けています。脚本家としての実績がなくても、小説家としての実績が後光（＝ハロー）となって、映画への期待感も高まることでしょう。

　本書をここまで読み進め、様々な心理効果について知っているあなたは、人は商品やサービスを選ぶ際よく考えず第一印象で決めることが多いことを理解しているはずです。

　その観点からいうとハロー効果は、第一印象に影響を与えるためには重要な効果と言えます。例えば新商品を紹介する商談時に、著明な理論を用いて開発された金融商品であるといった、関連する印象的なエピソードをアピールすることなどは効果的です。

● 「時間割引」

　人は、今すぐにもらえるものの価値は高く感じ、もらえる時期が先になるほど、その価値を低く感じます。これが「時間割引」です。将来の価値を現在の価値に換算する時、価値を割り引くのです。時間割引率が高いほど現在の価値を高く感じ、低いほど現在と将来の価値が変わらないことを意味します。

　例えば、1 年後にもらう 1 万 500 円と、今もらう 1 万円では、金額は 1 万 500 円の方が高くとも、多くの人が目先の 1 万円を選んでしまうでしょう。これは時間割引の影響で 1 年後の 1 万 500 円が安く感じられたためです。

　時間割引率の高い（せっかちな）人であれば、1 年後に 1 万 2,000 円だとしても、今の 1 万円を選んでしまうかもしれません。時間割引率の低い（気の長い）人は 1 年後が 1 万 1,000 円だとしても 1 年間待つでしょう。

● 徐々に育っていくのが楽しい！「上昇選好」

　人間は、連続する一連の現象において、時間が経過するにつれて、得や満足が拡大することに価値を感じます。これが「上昇選好」です。損得の両方がある一連の現象の中で、損と得が同じだけあったとしても、初めに損して徐々に得する "上昇" の方が、初めの得から損への "下降" より好まれます。

　ファイナル・ファンタジーやドラゴンクエストに代表される RPG ゲームは、弱かった主人公が徐々に強くなっていくことで楽しさを持続させています。昨日より今日の方がレベル 1 分強くなったという感覚が大切です。

　もう少し学問的に表現すると、一連の、複数の損得がある度、新たな出来事が起きる度に、新たな参照点が設定されます。そこが参照点となって、その次が損か得か判断されます。参照点より少しでも良い状態が続

けば、得が連続する状態になります。少しずつでも上昇しているのが大切です。

逆に少しでも下降して損失があれば、損失回避の心理によって大きな不満や悲しみを感じます。

だからソシャゲはヒットした！

ここまでは行動経済学の基本的となる個別の法則を紹介してきました。最後に、これらの法則が幾重にも重なることでヒット商品となった事例を紹介します。

第一に「ソーシャルゲーム」を取り上げます。

これはスマホ等で行うオンラインゲームで、App Store や Google Play 等で入手できます。ユーザーが一緒にプレイすることや、コミュニケーションを図ることもできます。2012 年にヒットした『パズル＆ドラゴンズ』や、2016 年に始まった『Pokémon GO』が特に有名です。多くの人がゲームにハマり、時間やお金を使っています。

この「ハマる理由」はいくつか考えられますが、1 番目は「保有効果」の影響です。

人は何かを保有すると、それに愛着や高い価値を感じて手放したくなくなります。これが保有効果です。ゲームをするにつれて、さまざまなモノやコトが、ゲームを通じて得た自分の「保有物」になります。例えば、キャラクターの成長、参加チームの勝利、ゲーム上のステージや地位、自分が身につけたプレイのテクニックなどです。ゲームを続ければ、保有物は増えていきますし、止めてしまえば、これらは全て意味が無くなります。ゆえにハマり、ゲームをし続けるのです。

2 番目のハマる理由は「IKEA 効果」です。

購入後に自宅で部品を組み立てる IKEA の家具に愛着を感じるのが、IKEA 効果でした。人は自分が手間をかけて作ったモノや、努力して出した結果など、自分が関与した対象に愛着を抱き、高い価値を感じるのです。単に保有するだけでも保有効果でハマるのに、さらにゲームをす

るのに時間と手間をかけるのですから、さらにハマる結果になるわけです。

　３番目のソーシャルゲームにハマる理由は、「サンクコスト効果」の影響です。

　ゲームを続けるにつれて、使った時間、費やした労力やお金は、どんどん大きくなります。これらは、もしゲームをしていなければ、もっと別の有意義な対象に使えたでしょう。しかしこれらの失った「コスト」は戻ってきません。それにもかかわらず、これらを無駄にしたくないという意識が働きます。もし途中でゲームを止めてしまえば、コストが無駄になります。それがもったいなくて、後には引けないと感じます。結果的にハマって、さらにコストを費やしてしまうのです。

　４番目のソーシャルゲームにハマる理由は、「機会費用の軽視」です。

　ある選択を行うことで、失った（選ばなかった）モノやコトの価値を、機会費用といいます。もし選択していたら、得ていたはずの利益です。人間は機会費用を軽視しがちです。もしゲームをしていなければ、その時間でできたはずの、学習や仕事や遊びは、「価値が無いもの」として無視されます。その結果、反省することなくハマり続けるのです。

　こうして費やした、時間、お金、労力などのサンクコストを無駄にしないようにすると同時に、ゲームをしていなければ得たはずの機会費用を軽視する状態が出来上がります。この状態が現状維持バイアスによって続くと、完全にハマり続けることになるのです。

　このようなハマる仕組みが当てはまる、金融の商品やサービスは、どんなものがあるでしょう。例えば、FX のような投資商品は、ハマる仕掛けゆえに、なかなか止められない面があると考えられます。元手の資金が増えれば、それが少額であっても「保有効果」で実際以上に高く評価したくなります。そのために市場を調べるなどの努力をしていた場合は「IKEA 効果」により、その成果が高い価値に感じられるでしょう。その一方で、取引を積み重ねるために費やした時間や労力やお金を無駄にしたくないという「サンクコスト効果」の影響で、なかなか止められません。逆にその分の時間や労力やお金を他に使っていたら、という反

省が生まれることもなくなります。このような一連のハマる仕組みは金融においても、様々な商品やサービスで有効だと考えられます。

第二の事例として「サブスクリプション（サブスク）」を取り上げます。

これはモノを買い取らずに借りて、あるいは一定期間に制限なしで視聴などの利用をして、その期間に応じて料金を支払うサービスです。動画や音楽、パソコン向けソフト、洋服、時計、バッグ、アクセサリー、家具、自動車、コーヒー、ラーメン、生ビールやカクテル美容院、花屋など、あらゆる商品やサービス、業態で活用されています。日経MJの2018年ヒット商品番付の「西の大関」にも選ばれました。

多くの人々が自然にサブスクを利用し続ける1番目の理由は「現状維持バイアス」の影響と考えられます。これは、変化を避けて現状のままでいようとする心理です。何かのきっかけで利用し放題のサブスクを始めたらそれが日常化し習慣となります。これが無くなる変化は損失と感じるので止められません。

2番目のサブスクを続ける理由は、「メンタル・アカウンティング（心の会計）」の影響です。これはお金に関する意思決定を狭いフレームの中で行う心理的バイアスです。同じお金でも、使う際や入手する際の方法などにより、使い方が変わります。継続利用が前提のサブスクにおいては、購入のたびに決済するのでなく、クレジットカード払いや銀行引き落としなどで、定期的に定額を支払います。初回手続きの後は、何もしないので、お金を支払っている感覚も無く利用し続けます。

メンタルアカウンティングは、まさにお金の話ですから金融と関係が深いテーマです。さまざまな実験が行動経済学者により行われています。例えば、現金で支払うか、クレジットカード等で支払うかによって使い方が変わるという結果が出ています。

また住宅ローンの返済なども、毎月定期的に自動支払いをするので払っている意識がなくなります。その結果、借り換えの検討もせずに支払い続けるのです。

　このように、不合理な消費行動はしばしば起こります。むしろ企業などが、これを助長させることも不可能ではありません。もちろん金融商品においても可能です。ただ金融商品の場合は消費者側が自ら、意識せずに不合理な行動を取ってしまうことも少なくありません。

　どのように金融の商品やサービスを販売していくのかは、金融機関のポリシーに基づいて定めるものです。不合理な行動を促すことは、顧客にとってのデメリットにもなりうるため、慎重な対応も必要です。

　ともあれ、こういった消費者の意思決定の心理に関しては知識を持っておくべきでしょう。

第3章
マーケティング分析手法と
その応用

　金融機関は、融資の取引がある場合は特に、企業の経営の根幹に関わる情報を握っています。御行にも形式は違えども、次のような資料があるのではないでしょうか。

図表1：お客様シート

			主要人物	年齢	備考
企業コード	453	甲乙鉄鋼株式会社	社長　鈴木A介	58	先代甲乙氏の婿として社長就任。営業部長として全国を飛び回る。早稲田大学、政治経済学部卒業。
			専務　鈴木B介	56	名前は似ているが社長との血縁関係はない。本社で指揮を執る実質的な決裁権限者。早稲田大学、政治経済学部卒業。
			経理部長田中C男	55	商品開発・販売促進には口を出さないが、会社の経営を一番理解しているキーパーソン。宇都宮商科高校卒業。
			営業第二課鈴木　D	28	社長●A介氏の息子。大手●×商社で5年間修行後、営業部に初配属。東京大学文科1類卒業。
	沿革	主要事業	仕入先	その他留意	
		重金属加工	×●金属	●県自民党支持	参議院議員　4回当選　●●氏と懇意な関係。
		売上構成比率72%	□△セメント	日本鉄鋼協会理事	主要6社で持ち回りで理事を歴任。202●年に退任。203×年に再任の予定。
1966年　先代社長「甲乙隆」氏が創業。重金属加工業として、日本造船の下請けを主な生業としていた。		大手自動車メーカーAのボディに利用する鉄鋼の基礎加工を受注する。AはほかにもB社とC社に同様の仕事を分散依頼している模様。	仕入金額は同業他社よりも1割ほど高い。要因は長年の付き合いから切っても切れなくなっていることと、急な発注や土日でも迅速な対応をしてくれることだそう。	主な取引と資金需要	2001年　栃木県那須塩原市に新しく那須工場を設立。5億5000万円融資。M&Aにより軽工業加工X社を取得。X社木村社長は退任。専務取締役は、軽工業部門部長兼理事へ。鈴木A介社長は、10年以内に退任の予定。A介氏は会長に就任し、息子のD氏を社長に据える考え。事業承継融資のニーズあり。主な運転資金需要は、5月。フィリピンへの海外進出に意欲的。鈴木D氏が、商社の経験を活かし、調整中。
			特徴		
北関東の鉄鋼業をけん引する。首都圏への近さと仕事の速さを強みにしており、急な需要に対応できる体制を整える。そのため工場自体の通常稼働率は低い。兼業事業である軽金属加工の売上比率が年々上昇しているが、要因は主業種の売上低下も相まっているため、手放しには喜べない。					
		主要資産一覧		お客様の会　加入済　K社の吉田社長からの紹介。	
不動産	略	●×銀行が抵当権を取得。残余なし。		F社　Z社の2社をご紹介いただく。	
不動産	略	当行が根抵当権を設定。		帝国データバンク　信用情報照会済。相違なし。	
不動産	略	△信用金庫の抵当権が付いているが、手続き漏れ。返済済み。			
流動資産	略				

　こういった情報は本来一般企業であれば、定量※1及び定性調査※2を実施しても容易に手に入るものではありません。もちろん上記図表には、同じ業界で競合する企業や商品の優劣などの情報が記載されていることもあるでしょう。これらのデータは、金融機関以外では集められない貴重な資料です。こうした情報と仮説力を組み合わせてターゲットを定め分析し、戦略戦術を立案し実行していくのが、金融機関ならではのマーケティングです。

　甲乙鉄鋼株式会社は、大手自動車メーカーAへの部品供給をしている会社の情報ですが、仮に同社からの仕入れがメーカーAの仕入れの大半を占めるとするならば、ここからどれだけ自動車の供給が生まれているかを判断できるのではないでしょうか。

　自動車メーカーAはB社とC社からも同様の素材を仕入れていることが分かっています。B社やC社の情報を合わせれば、ほぼ実数を計算することもできます。仮にB社C社と取引がなかった場合でも、甲乙鉄鋼は、栃木県に工場を新設したとあるため、自動車メーカーAの北関東工場が納品先であると予想できます。仮に自動車の需要と供給が当該エリアで完結しているとすれば、この地域の総需要まで分かります。

　また1年間のうちどの時期にどれだけの需要があったのかを知りたい場合でも、金融機関は口座情報を使うことによって、正確な時期を推測できます。

　自動車メーカーAから甲乙鉄鋼に注文が入ると、甲乙鉄鋼は仕入先の●×金属や□△セメントに連絡し、資材の調達を図ります。この調達資金発生のタイミング近くが、注文時期であることは明らかです。仮に甲乙鉄鋼の在庫で対応した場合であっても、在庫を使ってしまっては次の発注に対応できないかもしれないので、使った在庫と同量程度を仕入れることになります。

　この資金の流れはいつどのような需要が発生したのかを間接的に示す

大切な資料です。

　次に個人についても考えてみましょう。

　個人の場合は法人よりも具体的な情報が補足しにくいと言えます。一般的なサラリーマンであれば給与振り込み口座は一つで、その他の収入も多くはないため口座情報を押さえれば全体の補足も容易です。しかし富裕層になれば複数の収入源や資産があり、どこがメインストリームかも一見すると分かりません。

　そこで大切になってくるのが法個一体型営業による個人の情報収集です。富裕層は、会社経営もしくは役員であるケースが多く、法人営業担当者が事業承継などの話題から個人の資産状況について相談を受けるケースも多くあります。こうした情報を法人同様しっかりとまとめて、社内で共有することが、金融機関としての総合的なコンサルティング能力強化に繋がります。

　つまり対法人であれば、充実した既存情報を元に仮説を立てられ、対個人であれば、法人営業担当者も含めた様々なアプローチによって、一般企業では到底集められない質や量の情報が集まります。さらに必要に応じてアンケートのお願いや聞き取り調査をすることによって情報を補完できるでしょう。

※1　定量調査とは、一定の対象者数にインターネットや郵送、訪問などの形で回答を集計する。一般企業では、商品のネーミング等を複数提示して感想を聞き取るという調査が行われている。

※2　定性調査とは、調査対象の心理的な要素を把握するために実施する。グループインタビューや各個人への取材等により、どのような「言葉」を使ったのかを重視する。

2. 情報に基づく分析フレーム ||||||||||||||||||||||||||||

どんなに大量の情報を集めても、それを使って上手く分析を行い、その結果を行動に落とし込めなければ意味はありません。そこで本章では、金融機関を含めて広く重要視されている分析フレームを解説します。

● 3C 分析

3C 分析は、1980年代に経営コンサルタントの大前研一が開発したものです。

3C とは、「Customer（市場・顧客）、Competitor（競合）、Company（自社）」の3つの頭文字を取ったもので、これらの市場環境を分析して経営上の課題を導く分析手法です。金融機関はしばしば自行や個別商品に注目し、異なる立場での分析を怠りがちです。このフレームを用いて客観的な分析を行うことで、多角的に機会やチャンス、問題点やピンチを抽出します。

経営上のミスは、個別具体的な要因を無視し、市場が伸びているから参入しようといった安易な分析によって起きるものです。また、安易な分析は、他社を無視した自社中心の把握に起因します。自社の商品やサービスの良さばかりに注目したり、あたかも自社の商品だけが選択肢であるかのような認識で顧客の行動を想定してしまいます。

● 3C 分析を始める前に

3C 分析は3つの C を分析する前に、ターゲットとなる「市場」の設定から始めます。近年は技術の進化などにより、新しい市場や既存の市場と似ているが異なる市場が生まれているため、対象となる市場をどこに定めるかは非常に重要です。

お客様が自動車メーカーであり、自家用車の販売や関連市場における新規事業などを考えているとします。この会社がどの市場を狙うべきか考えてみましょう。

　今までのいわゆる自動車市場は、トヨタや日産といった国内外の自動車メーカーしかいませんでした。販売方法はさまざまあるにせよ「車を売る」というシンプルなビジネスモデルです。

　ところが、この市場が今、大きく変化しています。車を保有するコストが意識されはじめ、レンタカーやタクシーが見直され、カーシェアリングサービス等が登場しました。購入代金だけではなく車検や保険、税金なども考慮すると、車の利用は保有以上に有利とも考えられます。また、日本では規制があるため普及していませんが、海外ではUber（ウーバー）やLyft（リフト）といったライドシェアサービスも社会インフラとして定着しています。ライドシェアとは、タクシー運転手ではない一般的なドライバーが運転する自家用車が客を乗せるサービスです。

　ここでは自動車が商品として取引されるのでなく、「必要な時に必要な時間だけ、自動車がもつ機能を利用するサービス」が取引されます。今後、このサービスが普及するにつれて、自動車を購入し保有する必要性が薄れていくでしょう。

　この変化の背景にあるのは、提供者とユーザーをマッチングする技術の進歩です。デジタルネットワークや、スマホなどのデバイスによって、必要な時に必要な人に必要な商品を提供できるインフラが整いました。そして新たなビジネスモデルが生まれ、市場構造が変化したのです。このような技術の進化によって起きる変化を把握したうえで市場を設定し、戦略を練ることが、自動車販売市場を攻める場合でも、自動車にまつわる多様なサービスを提供する場合でも不可欠なのです。

3C 分析においては、主に次にあげるさまざまな項目を具体的に精査し明確化していきます。

①市場・顧客
・業界の市場規模や成長性
・顧客ニーズ
・顧客の消費購買の行動
②競合
・競合各社の現状シェアと推移
・各競合や新規参入の特徴（戦略、主要顧客層、今後の活動予測、リソース 等）
・競合の業界ポジション
③自社
・自社の企業理念・ビジョン
・既存の事業や製品の現状（売上、シェア、商品ラインナップ、戦略 等）
・自社の特徴（強みや弱み、ヒト・モノ・カネのリソース、資本力 等）

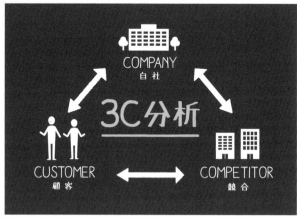

図2：「3C分析」

では実際に 3C 分析によって、自動車販売市場と、カーシェアリングやライドシェアなどの市場を取り上げて分析していきます。。ここでの「自社」はトヨタをはじめとする国内大手自動車メーカーと考えます。

　まず①市場・顧客における「業界の市場規模や成長性」を確認します。
　拡大を続けてきた世界の自動車市場が伸び悩みを見せており、国際自動車工業会（OICA）によれば、2018 年の自動車販売台数は前年比 0.6％減の 9,506 万台、生産台数は 1.1％減の 9,571 万台となりました。（出典：JETRO 2018 年主要国の自動車生産・販売動向 /2019 年 11 月）
　一方、最近 10 年で急拡大したライドシェアサービスの世界市場規模は 2018 年段階で既に 613 億ドル（約 7.8 兆円）に達しています。さらに今後 2025 年には 2180 億ドル（約 24 兆円）まで拡大すると予測されています。

　次に「顧客ニーズ」や「消費購買の行動」について想定します。特に従来型の自動車については成熟市場である日本の市場に注目します。日本全体で車が売れないといわれますが、その理由は商品としての質が悪くなったからではありません。
　若年層は車を持つだけの経済的余裕がありません。既に自動車は高級品という位置付けになりつつあり、消費活動における優先順位は自動車よりも、ネット関連の商品サービスの方が高くなっています。かつては自動車の保有は一種のステイタスでしたが、現在は見栄のために無駄な出費をするのは賢くないと考えられるようになりました。こういった消費者のニーズが変化する時期に合わせて、ライドシェアが普及し始めました。
　モノを持たずにシェアするというライフスタイルが急速に普及定着し、洋服、宝飾品、家具などがシェアされるようになりました。モノをもたない生活がごく普通のこととなり、多くの人がこの志向を持つようになっています。

次に②競合について概観します。

従来型の自動車市場で競合するのは、日本国内の市場でいえば、トヨタ、日産自動車、ホンダ、マツダ、海外勢ではゼネラル・モーターズ（GM）、フォード・モーター、メルセデス・ベンツなどでした。

カーシェアリングに関しては、日本国内では時間貸駐車場で知られる「タイムズ24」が圧倒的な会員・拠点数をもっています。さらに三井不動産系の「カレコ・カーシェアリングクラブ」や業界パイオニアの「オリックスカーシェア」が加わります。そこに、日産やトヨタなどの自動車メーカーが新規事業を立上げて参入しています。一目でわかるのは、自動車メーカーだから有利なわけではなく、多様な企業がそれぞれの強みを活かしていることです。極端に言えばカーシェアリングは、車の置き場があって、利用者と自動車のマッチングができれば可能なビジネスなのです。従って不動産系の企業に強みがあるわけです。

さらに③自社についても考えてみます。

従来型の自動車販売市場については、各社が自動車そのものの性能を高める開発を行っています。さらに付加価値としてのイメージを高める努力も重ねています。

トップ企業のトヨタはかつて、「Drive Your Dreams.」「FUN TO DRIVE.」などのスローガンを掲げ、自動車を購入、所有し、運転することの魅力を伝えました。これは、自社商品の魅力を高めるとともに、自社が競合と異なる存在であることを示すブランディング戦略です。この戦略は自動車市場を獲得するための王道であり、各社とも積極的に取り組みました。

実際に3C分析を行う場合は、戦略が「本当に顧客にとっての価値を生むか」を調査・検証していきます。その過程で、Customer（市場・顧客）と、Competitor（競合）と、Company（自社）を関係づけながら分析するわけです。

さて例で取り上げたトヨタの場合は既に、「自動車をつくる会社」か

ら「モビリティカンパニー」にモデルチェンジすることを宣言しました。今後ビジネスモデルを根幹から変革していくとすれば、大きな経営改革が必要になります。3C分析はこのような動きの起点になるとともに、日常業務の中で競合や顧客との関係を整理するための手法としても活用できます。

3. SWOT 分析

　3C分析は、競合と自社を等しく並べて分析しました。これによって自社が敵との比較において、本当に強いのか弱いのかを把握します。例えば、どの市場に参入すべきかなどを検討する戦略構築の初期段階で有効です。

　本項で紹介する、SWOT分析は基本的に自社を中心に置いて分析します。強い競合は外部環境の一要素に過ぎません。即ち、既に参入を決めて、どのように戦うかの戦略を練るために有効な分析手法です。

　具体的には、自社を取り巻く外部環境（競合、市場トレンド 等）と、内部環境（自社の資産やブランド力、価格や品質 等）をプラス面、マイナス面に分けて分析し、戦略策定につなげます。

　特徴的なのは、Strength（強み）、Weakness（弱み）、Opportunity（機会）、Threat（脅威）の4つに経営環境を割振る点です。
　「内部環境」は自社によってコントロール可能な要素であり「外部環境」は自社の企業努力だけでは変えられない事実等の要素です。

内部環境

- ・強み：技術力や販売力など自社が持つ良い点、ユーザーに選ばれる理由など。
- ・弱み：コストや企業のリソース、情報発信力など、苦手なことや不足する点。

外部環境

- ・機会：自社に追い風となる環境変化や、競合の弱みによるチャンスなど。
- ・脅威：自社に不利となる状況。競合の動きや顧客の変化など。

　SWOT分析は4つの要素を洗い出すことがスタートです。この時点で、少しずつ強みを最大限に発揮できる機会が何か、自社の弱みを修正して危機を回避する方法は何か、などが見えてきます。

　ここからは、SWOT分析を実際に行ってみます。対象のサービスはAIに任せて投資することができる「ロボットアドバイザー（ロボアド）」

図3：「SWOT分析」

です。このサービスは利用者が最初に、いくつかの質問に回答する形で投資に関する希望やスタイルを示し、それに基づいた提案や運用してくれるものです。

　主な競合は他の投資商品、例えば証券会社等の金融機関を通じた投資信託の購入などと想定されます。

　まず内部環境から始めます。はじめにロボアドの Strength（強み）をあげていきましょう。

　まずは AI を使った投資という点が最大の強みになると考えられます。一般の投資家が持つことができない投資のノウハウを元に、自分の資産を増やすことができるのではないかという期待を高めることができるでしょう。

　またスマホなどデジタルデバイスを利用してさまざまな手続きを行うことが可能であり、手軽さやスピードは強みになります。人件費がかからないことによる手数料の安さも強みです。

ロボアドの強み（Strength）

> ・AI 技術を利用している先進性　　・投資に関する利便性
> ・手数料の安さ

　次にロボアドの Weakness（弱み）をあげます。

　提供する企業は知名度が低く、歴史も浅いため、企業体として必須の安心感や信頼感が不足しています。顧客は大切なお金を預けて大丈夫かと、不安を感じるかもしれません。また、100 円からの投資信託などが登場している現状では、最低投資額が高いことも弱みの一つになるでしょう。

ロボアドの弱み（Weakness）

> ・知名度の低さ　　・最低投資額の高さ
> ・歴史の浅さ

続いて外部環境を見ていきましょう。はじめに Opportunity（機会）です。

AI に対する関心が高まっている状況は好材料です。最近は AI 搭載の商品も増えてきましたが「AI」は新規性を示す記号としての役割を果たすようになってきています。自動掃除機「ルンバ」や、AI アシスタンスを利用した Amazon「Echo」などのスマートスピーカーが、日常生活の中で自然に使われていることも追い風になるでしょう。つまり技術を投資に活用するメリットが理解されやすく、受け入れられやすい状況が追い風となります。金融におけるテクノロジー活用を意味するフィンテックという言葉も、徐々に一般に認知されてきました。テクノロジーを取り入れることが普通のこととして受け入れられ、求められるようになった環境変化が機会であると考えられます。

ロボアドの外部環境・機会（Opportunity）

> ・AI という言葉が放つ新規性
> ・AI 搭載商品の一般化
> ・フィンテックという言葉の普及

逆に Threat（脅威）はどうでしょう。

現在は新しいサービスなので参入企業も少ないものの、今後競合が増えていくでしょう。ロボアド自体の競合が増えることはもちろん、既存の金融機関がテクノロジーを取り入れたり、スマホ活用など利便性を高める動きも活発化します。さらには競合が増えるほどにコスト競争となって利益が圧縮される危険も想定されます。またロボアドの新規性が陳腐化するかもしれません。

ロボアドの外部環境・脅威（Threat）

> ・競合他社の増加　・他の新技術サービスとの競合
> ・価格競争による利益幅の低下　・新規性の陳腐化

このようにSWOTの4項目を整理した後は、それらを掛け合わせた分析を行います。情報を深めて戦略に活用できるように加工編集するのです。これはクロスSWOT分析と呼ばれます。下記は、主な考え方です。

・強み×機会

　自社の強みを活かしチャンスを最大限に活用。追い風に乗って優位性を高める方策を検討します。

　ロボアドのケースにおいては、テクノロジーに関する関心という追い風に乗って優位性を高める戦略です。

　既に生活の一部となっているAI技術を投資に活かすという基本コンセプトを、幅広く浸透させるストレートな理解促進が考えられます。テクノロジーや新興企業への抵抗感が少ない比較的若い層に対して、AI技術で「楽をしながら資産が増える」というメリットをアピールすることも利用意向を高めるために有効でしょう。また、従来から投資を行っている投資ベテラン層に対しては、人間の情報処理速度の限界とAIを対比させるような表現で関心を抱かせることができるかもしれません。

・強み×脅威

　競合等の周囲を見たうえでの強みの出し方、強みで脅威を打ち負かす施策を講じます。

　ここでは、将来的な競争激化という「脅威」を念頭においた戦略を構築することになりますが、ブルーオーシャン市場であれば、競争相手を考える必要がありませんが、競合との戦いが激しくなるにつれて、差別化戦略が重要になるのです。

　まずは従来型と比較してスピードやコストを強調することが有効でしょう。テクノロジーの活用によってマンパワーが少なく済み、コストも安いことが理解されれば、顧客にとっての投資対象の選択肢に入ることは難しくないでしょう。

　次にロボアド同士の競争まで意識するのであれば、他のロボアドより、少しでも優れた技術や他社にない顧客メリットが必要です。先行してい

る状況であれば、投資の成果など実績をアピールするのが一番です。し
かし、それらに加えて、企業の成り立ちやポリシーなどの独自性に基づ
いたブランドイメージを明確にして差別化することも重要です。

・弱み×機会

徐々に弱みを改善しつつ、参入のタイミングを判断します。

弱みを改善しながら機会を逃さず顧客を獲得することも大切です。ロ
ボアドの最大の弱点は実績が無いがゆえの、安心や信頼のイメージ不足
です。歴史の短さは変えられませんが、信頼を担保する要素は他にもあ
ります。AI の思考を解説して投資手法の正当性を周知できるかもしれ
ません。さらには資金量を開示することで他の投資家も利用していると
いう安心感を与えることも可能でしょう。

また一般向けのテクノロジーに関する情報に相乗りした PR は有効か
もしれません。ルンバなどと並んで雑誌や新聞の記事に取り上げられる
ようにするのも良いでしょう。AI スピーカーとの協働は今後、不可欠
と考えられます。音声だけで自分のロボアド投資の状況確認や手続きが
できるなど、利便性を拡充することも必要でしょう。

・弱み×脅威

防衛策や事業撤退のタイミングを見極めて、最悪の結果を避ける戦略
を検討します。

他社の優れた AI が現れたり、無料で使えるツールにサービス自体が
置き換わってしまった場合には、撤退も検討しなければなりません。ま
た、既存の囲い込んだ顧客を流出させないよう防衛策を講ずる検討も有
効です。例えば利用期間が長くなるほどにトクをするロイヤリティプロ
グラムなどがそれに当たります。

以上が SWOT 分析の例でした。4 つの視点であげた要素を組み合わ
せることで、多様な視点で複数の戦略オプションを得られる点が、この
手法のメリットです。クロス SWOT 分析の結果は 4 つの戦略でした。

ここから、どれかを選ぶか、あるいは複数の戦略を組み合わせるか、自由に戦い方を決められるのです。さらには、ともすると考えることに抵抗感をもちかねない「自社の弱み」や「環境における脅威」なども冷静にあげていくために、自社に都合良い視点偏らない点もこの手法のメリットです。

次に金融機関が行うべき SWOT 分析を解説した「金融機関・会計事務所のための SWOT 分析徹底活用法」(株) マネジメントパートナーズ・中材中共著に、融資業務における活用法が例示されていたため掲示します。

事例1　社内の技術力強化で「施工サービスによる付加価値向上」を目指す建材卸売業

P.72〜83 は 中村　中・(株) マネジメントパートナーズ／共著『金融機関・会計事務所のための　SWOT 分析徹底活用法—事業性評価・経営改善計画への第一歩』ビジネス教育出版より許可を得て転載

● 1　企業概要

会　社　名：株式会社 T 建材
事業内容：建設材料・住宅設備の卸売および付随する施工
従業員数：30 名
売　上　高：12 億円

〈ビジネスモデル・業況〉

　当社は、古くは江戸時代の木材の卸売を起源とする長い業暦を持つ会社で、法人化後は取扱い商材を増やし、現在では大手建設材料メーカーの商材や住宅設備を中心とした卸売事業を主業務としています。得意先は、建材販売店、工務店、また住宅会社やゼネコン等です。

高度成長期には地域で圧倒的シェアを占めるまでに順調に伸びてきました が、バブル崩壊に伴う建設市場の縮小で売上が激減しました。拡大期は売上を伸ばすことで利益をあげてきた当社でしたが、売上減とともに組織のリストラを進める縮小均衡の状況が続き、ついには2期連続経常赤字に陥っていました。

● 2 事業デューデリジェンスの結果とSWOT分析

（1） 当社の置かれた現状

近年、売上が落ち込んできているとはいえ、当社は地域では未だに上位に置かれる規模を有しており、仕入先メーカーとの関係も強固で、強い仕入れ力が強みとなっていました。そのため、取引金融機関からも継続して支援をいただきながら経営改善を図ることとなりました。

卸売業の特性上、成り行きではジリ貧となることが必至であり、早急に窮境要因を特定し業績悪化に歯止めをかけることと、中長期的な成長につなげる戦略立案が必要であることから、綿密な調査と経営改善計画の策定が求められていました。以下は、事業デューデリジェンスの内容と結果です。

（2） 窮境要因〜売上逓減、赤字に陥らせている要因は何か？

① 売上逓減の要因

売上減の大きな要因は外部環境の向かい風でした。建材の純粋な「販売」は、数量、単価ともに下がっていました。一般的な卸売業の例にもれず、当社も付加価値の低い卸売業の厳しさに直面していたと言えます。流通ルートが多様化し（「この店でしか買えない」ということがない）買い手が自在に情報収集できる現在では、業者間での差別化要素がなくなり価格競争に陥るほかないこと、その場合に規模が大きく仕入れ単価が下げられる大手業者に有利に働く環境になっているのです。

また、一部メーカー直販ルートも競合するようになり、ますます価格競争が激化していました。既存得意先が廃業や合併等により減少していることもありました。ただし、当社と同規模または小規模の同業他社も

同じく厳しい状況であり、廃業に追い込まれるケースもあるなか、残存者利益を狙える可能性もあると思われました。

　また、営業面でのマネジメント力不足が売上伸び悩みの一要因となっている面もありました。具体的には、一人ひとりの営業目標達成意欲が低く、マネジメント機能としての営業会議も機能していませんでしたし、そのため毎月営業目標未達成のメンバーがほとんどだったのです。この点については、現場の改善点として必ず着手する必要があると考えられました。

　一方で、資材とともに施工・設置等の工事を伴う案件は売上を微増させていました。折からの公共工事増に加え、景気回復の波による民間の建設増、またそれに伴う職人不足から、施工までを一貫して請け負う卸売業者が重宝されていました。また、当社が施工までを行う住宅リフォーム商品がヒットしており、今後も拡大が見込まれています。こうした工事を伴う案件は、当社では外部の職人を手配し請け負っていたため、繁忙期になると職人の調達が難しいという課題はありましたが、今後の伸びが期待できる分野であることがわかりました。

② 　赤字の要因

　以前は、売上減に応じて組織リストラ等をすることで固定費削減を図り利益を確保してきましたが、ここ最近では粗利率の低下により損益分岐点を割り込む状況になっていました。粗利率低下の要因を調べていくと、相対的に増加している「施工を伴う工事案件」の粗利率が低いためであると判明しました。卸売の粗利率は23〜24％でしたが、工事案件は平均16％と圧倒的に低かったのです。卸売よりも付加価値が高いと思われる工事案件の方が低いのはなぜでしょうか。

　工事案件ごとの個別収支を調査すると、粗利率が非常に高い物件（約30％）と低い物件（10％超）に大きな差がありました。そして、どの物件も実行予算（予定原価）時点の予定粗利率は15〜16％程度と変わりがないのにもかかわらず、実績では差が出ているのです。

　この要因を調べるために、粗利率が悪い物件をサンプリングし、ヒアリング等で経緯を追ってみると、見積もり方法や現場管理方法に起因し

ていることがわかりました。例えば、当初の見積もり根拠となる設計図の読み取り間違いをしていたために、見積もり＝実行予算自体が誤っていたケースや、現場管理のなかで「発注間違い等で材料費が重複してかかってしまった」「手配ミスで職人の工数が倍増してしまった」といった原因によるものだったのです。背景には、施工を伴う物件を取り扱うようになって年数が浅くノウハウが不足していること、またミス防止のフローがないことや、ミスが起きても改善をしないといった認識の甘さがありましたが、担当者によってはスムースに管理できているケースもあることから、そのやり方を組織的に展開すれば改善の余地は大いにあるはずでした。

（3） 強み〜メーカー協力営業のアドバンテージ、工事部門のポテンシャル

「なぜ、お客様は当社を選んでくれるのでしょうか？」このような質問をすると、「当社の強みは何か？」のヒントが出てくることがあります。当社の場合、答えの1つは「（仕入れ先である）メーカーとの協力関係」でした。当社の仕入れ先である建材メーカーをZ社とすると、Z社は競合メーカーY社、X社と業界でシェア争いをしていますから、系列の問屋（当社）に対しては営業同行や提案の面で受注獲得に協力してくれるのです。

例えば、競合Y社の建材を使った建築物を考えている建設会社や住宅メーカーに「Z社の建材を使えば、このくらいの金額でこんな機能のものが作れますよ」と設計プラン提案までをサポートしてくれたり、戦略顧客相手の場合には仕入れ金額面での協力を得られることもありました。これが、当社の営業面での提案力に大きなアドバンテージになっていました。

また、「特定の成功事例を深掘りしてみる」ことで強みに行き着く場合もあります。当社では、主要顧客であるU社のリフォーム物件は高い粗利率を出していることがわかりました。ヒアリングなどからわかったのは、U社の物件は社内の技術部で施工を手がけており、その分外注の職人を使わないで済んでいるということでした（社内労務費は原価に

計上していませんでした)。

　技術部はたった2名の小さな部署で、元々は社内の倉庫で出荷する建材のカットや組立てといった簡単な作業を担う組織だったのですが、最近、大変高い施工技術を持つ人材が入社しリーダーとなりました。同時に、昨今、倉庫内での作業が少なくなる一方で、現場で施工を担うケースが増えてきており、徐々にU社のリフォーム物件を当たり前のように担うようになったのです。

　現状は、U社物件以外は売上と直結しない社内作業のみを行っている技術部でしたが、受注物件の施工の多くを内製化できれば、全体として粗利率をアップすることができると考えられました。また、社内リソースで小回りのきく施工ができれば、これまでは売上化できていなかった施工を受注することができたり、仕入先メーカーからも重宝されて営業協力関係をさらに強くできる効果もありそうということがわかったのでした。

(4)　SWOTによるまとめ

　以上の調査結果をSWOTにまとめると次のようになります。

	機会	脅威
外部	・リフォーム需要増 ・メーカーのシェア拡大戦略における卸売業者活用の重要性 ・施工技術を持つ卸売業者に対するメーカーからのニーズの高まり	・住宅新築需要減 ・卸売分野での価格競争激化 ・施工業者買収等による近隣競合企業の拡大
	強み	弱み
内部	・営業協力を得られるメーカーとの協調関係 ・高い施工技術を持つ社員が在籍	・見積もり、現場管理の組織的ノウハウ不足 ・ミス防止のチェックフローや改善の仕組みがないため、ミスが多発しておりコスト増に直結している ・営業面でのマネジメント不足

＜クロスSWOT分析による戦略立案＞

	機会 • メーカーのシェア拡大戦略における卸売業者活用の重要性 • 施工技術を持つ卸売業者に対するメーカーからのニーズの高まり	脅威 • 卸売分野での価格競争激化 • 施工業者買収等による近隣競合企業の拡大
強み • 営業協力を得られるメーカーとの協調関係 • 高い施工技術を持つ社員が在籍	【経営改善に向けたコンセプト】 **技術部の技術向上・機能強化により施工ニーズの内製化を図る。具体的には以下の効果を狙う。** ①外注費削減による粗利率向上 ②これまで取り込めていなかった施工案件の取り込みによる売上アップ ③顧客、メーカーからの信頼獲得による営業面での好循環創出	
弱み • 見積もり、現場管理の組織的ノウハウ不足 • ミス防止のチェックフローや改善の仕組みがないため、ミスが多発しておりコスト増に直結している • 営業面でのマネジメント不足	**以下の組織および管理体制の改革により、施工機能強化、営業力強化、ミス（＝コスト）低減を図る。** ①技術部の増員および教育体制の整備 ②見積もりおよび現場管理スキルアップによる粗利率向上 ③優秀な営業メンバーの部長起用と階層化した営業組織づくり ④目標達成を促進する営業会議・マネジメント方式の改善 ⑤ミス防止フローや、ふりかえり〜改善の仕組みづくり	

● 3 経営改善計画におけるアクションプランの骨子

　前述のSWOT分析から導いた当社の経営改善方針とアクションプランは以下のとおりです。

<経営改善の方向性～成長に向けた戦略>

> 技術力によるきめ細やかな施工サービスで付加価値を高め、
> 収益力向上を図る

- ▶これまでどおりメーカーと協業しながら専門的な商品とその提案の供給に努める。
- ▶ただし、商品力・提案に加え、技術部に高い技術力を備え、どこよりもきめ細やかに施工サービスを提供していく。
- ▶上記サービスにより、顧客に対する競合優位性を築く。
- ▶また、メーカーからは「より一層協業を強めていきたい」と言われるポジションを築く。

当社の場合、機会を活かし脅威をカバーできる強みである、「社内の高い施工技術」をさらに伸ばすことが経営戦略のポイントとなりました。これにより、外注費削減や売上アップという短期的な効果に加え、顧客からもメーカーからも選ばれる商社としてのポジションを確立していくことを中長期的なビジョンとして設定しました。

さらにこの戦略に従い、アクションプラン（行動計画）まで落とし込んでいきました。まずは足元の改善施策として弱みをカバーする組織・人材・管理体制づくりを行い、今後5年間で徐々に成果につなげていこうと、また業界でのポジションづくりをしていくものとして取り組むこととしました。

● 4 アクションプラン実行の成果

T建材では現在、計画1年目としてアクションプランを実行中です。販管費削減については皆で知恵を出してすぐに想定以上の削減ができ、まず0期は、計画を若干上回る程度の黒字で着地しました。

技術部の技術力アップという課題（後掲アクションプラン一覧の1）については、メンバーごとに「●月までに～ができるようになる」といったスキル習得目標を立てて取り組むことで、ゆっくりですが着実に社内でできることが増えています。技術部が手がけた施工について金額換算

でカウントしていますが、現状では４名体制で施工売上として月間100万円程度の仕事ができている状態であり、労務費だけをコストとして収益を見た場合に若干赤字というレベルです。

　その他の課題（後掲アクションプラン一覧の２〜６）については従来の業務のやり方を変えるものですが、当初は、「新しいルールを決め」「皆に理解させ」「徹底させる」のに大変苦労をしました。「ミス履歴シートに各自が記入する」といったこと一つでも、だれが、いつ、どのように記入するのか、どれだけ重要なことなのかを何回も説明し、段々とできるようになっています。また、あまりに進捗が悪いため、施策を推進するリーダーを変更したところ急にスムースに進み始めたということもあり、人員配置も大変重要なファクターであることがよくわかりました。

　粗利率アップについては、計画１期の途中から成果が見え始めました。月次の会議で、部門の粗利率や個人・物件ごとの粗利率をモニタリングし、どうしてうまくいったか、次はどうするかといったことを会話する中で改善していきました。特に、営業１人ひとりが「モニタリングされている」と緊張感を持って取り組むようになっただけでも効果があったのだと思われます。

　計画１期は、計画を大きく上ブレさせて着地させることを目指しています。

● 5 T建材の経営改善計画書（抜粋）

＜債務者概況表＞

<table>
<tr><td rowspan="9">①
対象先・概要</td><td colspan="2">事 業 者</td><td colspan="3">株式会社T建材</td><td colspan="2">住 所</td><td colspan="4">●×県×△市○○</td><td></td><td></td></tr>
<tr><td colspan="2">連 絡 先</td><td colspan="3">000-000-0000</td><td colspan="2">設立年月日</td><td colspan="2">昭和○年○月○日</td><td>年 商</td><td>1,200</td><td>百万円</td></tr>
<tr><td colspan="2">業 種</td><td colspan="3">建材卸売業</td><td colspan="2" rowspan="2">代 表 者</td><td colspan="2" rowspan="2">●山×男</td><td>年 齢</td><td>58</td><td>歳</td></tr>
<tr><td colspan="2">(事業内容)</td><td colspan="3">建設材料・住宅設備の卸売及び施工</td><td></td><td></td><td></td></tr>
<tr><td colspan="2">資 本 金</td><td colspan="2">20百万円</td><td>従業員数
(うちパート人員数)</td><td>30名
(2名)</td><td colspan="2">主要金融機関</td><td colspan="4">① A銀行　② B銀行　③ C信金　④　　⑤</td></tr>
</table>

事業内容・沿革		株主構成	名前	株数	関係	役員構成	名前	役職
1928年	株式会社T建材設立		●●	500	社長		●●	代表取締役
1960年	●●支店及び○○支店を出店		××	100	長男		××	取締役
1965年	大手建材メーカー＿社と代理店契約		△△	100	長女		△△	取締役
1966年	準大手建材メーカー△△社と代理店契約		○○	100	長女夫		○○	取締役
1980年	本社移転							
2006年	○○支店閉鎖							
2012年	本社移転							
			計	800				

② 財務内容及び問題点

平成26年12月期　　　　　　　　　　　　　　　　単位：千円

資産の部	決算	修正	実質	負債の部	決算	修正	実質
現預金	44,788		44,788	支払債務	150,988		150,988
売上債権	165,705	▲1,599	164,106	短期借入金	10,000		10,000
棚卸資産	87,600		87,600	その他	48,430		48,430
その他	15,280		15,280	流動負債計	209,418	0	209,418
流動資産計	313,373	▲1,599	311,774	長期借入金	215,880		215,880
土地	57,800		57,800	その他	7,900		7,900
建物(附属含む)	18,700		18,700				0
その他	3,350		3,350				0
有形固定資産	79,850	0	79,850	固定負債計	223,780	0	223,780
無形固定資産	5,433	▲2,900	2,533	負債合計	433,198	0	433,198
会員権	3,000	▲2,900	100	資本の部	決算	修正	実質
投資有価証券	600		600	資本金	20,000		20,000
その他	1,833		1,833	その他	▲49,109	▲7,399	▲56,508
投資等	5,433	▲2,900	2,533				0
固定資産計	90,716	▲5,800	84,916	自己資本	▲29,109	▲7,399	▲36,508
資産合計	404,089	▲7,399	396,690	負債・資本合計	404,089	▲7,399	396,690

主要項目コメント及び問題点

【資産査定】
売掛金（長期滞留債権）
　　　　　　　▲1,599
会員権（ゴルフ場 減額）　　　▲3

※以下は事業用不動産につき反映しない
土地（本社 含み損）
　　　　　　　▲3,901
建物（本社 含み損）
　　　　　　　▲120

【財務上の問題点】
売掛金回収管理が甘く、資金繰り予測ができないことから、急な月中つなぎ融資が必要となることがある。

80

（単位：千円）	24年12月期(実績)	25年12月期(実績)	26年12月期(実績)	27年12月期(見込)
売上高	1,578,801	1,397,110	1,309,180	1,327,180
営業利益	36,312	6,706	2,226	12,210
経常利益	29,102	▲184	▲ 3,984	6,198
当期利益	26,402	▲444	▲ 4,354	3,389
減価償却	1,931	1,442	1,290	860
決算上自己資本	▲24,311	▲24,755	▲29,109	▲25,720
修正			▲7,399	▲7,399
実質自己資本			▲56,508	▲33,119
金融機関からの借入金	275,880	250,880	225,880	200,880

③ 業績推移等

【分析結果】
※社長所有不動産を考慮した、中小企業特性考慮後の実質自己資本は、▲26,810千円である。
※H26年12月期は当期利益マイナスのため、債務超過解消年数は算出不能。
H24年以降急激に売上が縮小。
固定費削減が追い付かず、H26年12月期までの2期連続経常赤字となった。
H27年12月期は、人員削減による人件費減やフロア縮小による家賃減額など経費削減施策により若干の回復見込み。

H26年12月期実績ではキャッシュフローがマイナスのため、収益返済原資は確保できない。
H27年12月見込みの場合の返済原資は7百万円、債務償還年数28年であり、未だ収益力不足と言える。

※平成27年12月期見込みより

収益弁済原資	7,058千円
債務超過解消年数	8年
債務償還年数	28年

※中小企業特性考慮後
（債務超過▲26,810）

単位：千円

④ 銀行取引状況

金融機関名	24年12月期(実績)	シェア	25年12月期(実績)	シェア	26年12月期(実績)	シェア	保全額	
A銀行	210,020	76.1%	194,260	77.4%	178,500	79.0%	145,000	
B銀行	39,704	14.4%	34,304	13.7%	28,904	12.8%	24000	
C信金	26,156	9.5%	22,316	8.9%	18,476	8.2%	18476	
合計	275,880	100.0%	250,880	100.0%	225,880	100.0%	187,476	

⑤ 特記事項

＜現状と認識課題＞
• 施工物件で社内の技術部をさらに活用することにより、外注費削減、売上増の可能性あり。
• 施工物件では、見積りや現場管理にミスや不手際が多く、コスト増につながっている。
• 営業目標達成に向けた営業部門のマネジメントができていない。
• ミスが頻発しており、間接的にコスト増につながっている（値引き、原価の重複、顧客離反など）。
• 販管費は削減余地あり。

＜経営改善計画策定方針＞
• 技術力アップにより施工の内製化、及び受注物件増
• 見積り、現場管理をスムースに行える体制づくりによる粗利率アップ
• 人員や組織見直し、及び営業会議テコ入れによるによる営業体制強化
• ミス削減による売上確保、コスト削減
• 販管費削減

＜計数計画・具体的施策＞

【数値計画の概要】

数値計画の概要		直近期 ●年●月期	計画０年目 ●年●月期	計画１年目 ●年●月期	計画２年目 ●年●月期	計画３年目 ●年●月期	計画４年目 ●年●月期	計画５年目 ●年●月期
	売上高 営業利益 経常利益							
	当期利益							
	減価償却費 簡易CF（経常利益＋減価償却費－法人税等） 現預金残高				省略			
	金融機関債務残高 資本性借入金 運転資金相当額							
	差引要償還債務残高							
	CF倍率							
	純資産額（帳簿） 純資産額（実態：金融支援後）							

【経営改善計画に関する具体的施策内容及び実施時期】

	大項目	取組み課題	実施時期	具体的な内容
1	技術部の技術力アップ	技術部メンバー増員や教育により、「施工技術を持つ会社」として営業できるようにする。これにより、外注費削減や売上アップにつなげる。	計画０期6月～	• 技術部メンバー増員、教育プログラム実施 • 上記による外注費削減 • 長期的には、上記により売上増
2	見積り・現場管理スキルアップ	業務フローや帳票類の見直しにより、ミスなくスムースに運用できる体制をつくる。これにより、施工物件の粗利率アップを目指す。	計画０期8月～	• 見積り担当者の業務見直し • 現場管理業務の定型化、帳票類の整理 • 上記による粗利率アップ
3	営業マネジメントのテコ入れ	営業部門のリーダー、メンバーの入れ替え含み組織改編と、営業会議の運用改善により、「目標達成する営業組織」を目指す。	計画０期7月～	• 新部長登用 • 組織改編 • 営業会議の運用改善
4	ミス件数削減	現状でミスが多発する業務の改善、またミスの履歴管理・振り返りフロー整備による今後のミス削減を図る。	計画０期中	• ミス発生業務の特定と防止フローの検討 • ミスの履歴管理～ふりかえりのサイクル実施
5	販管費削減	不要不急のコスト洗い出し、組織見直しによる人員削減などにより、固定費である販管費削減を目指す。	計画０期中	契約見直しによるシステム費用削減 引っ越しによる家賃減 組織見直しによる人件費削減（パートなど）

＜アクションプラン一覧＞

単位:百万円

	直近期	計画1年目	計画2年目
売上	1,200	1,250	1,300
売上総利益	240	256	273
売上総利益率	20.0%	20.5%	21.0%
営業利益	6	13	20

経営改善計画の具体的な内容	実施時期	各年度の定量目標または定性目標		
		計画0年目	計画1年目	計画2年目
1 技術部の増員とリーダーの技術伝承プログラムの実施	計画0期 6月〜	・社内異動による技術部増員 ・プログラムの設計〜実施（ステップ①）	・外注費削減▲10百万円 ・プログラムの実施（ステップ②）	・外注費削減▲20百万円 ・プログラムの実施（ステップ③）
2 見積もり及び現場管理スキルアップと粗利率アップ	計画0期 8月〜	・見積もり担当者の業務分掌 ・見積もりフローの見直し ・現場管理フロー・帳票等の整理	・施工関連粗利率+2%（施策1と併せて）	・施工関連粗利率+4%（施策1と併せて）
3 新部長登用及び営業部組織改編によるマネジメント強化と、売上・粗利率アップ	計画0期 10月〜	・10月 部長登用 新組織発足	・施工案件の売上 +10百万円 ※保守的見地から、その他売上増は計画数値には読み込まない	・施工案件の売上 +10百万円 ※保守的見地から、その他売上増は計画数値には読み込まない
4 営業目標達成に向けた営業会議運用方法の改善	計画0期 7月〜	・共有シートの改変 ・営業会議運営方法の設計〜運用開始	・全メンバーの目標達成率90%以上	
5 ミス防止のための業務フロー見直し	計画0期 7月〜	・ミス発生業務の洗い出し ・ミス防止フローの設計〜運用開始	・ミス件数 前期比半減	
6 ミスの履歴管理とふりかえり〜改善の流れづくり	計画0期	・履歴管理方法の設計〜運用開始 ・ふりかえり会議の設計〜運用開始	同上	
7 販管費削減	計画0期	・システム費用削減▲3百万円 ・引っ越しによる家賃減▲5百万円 ・人件費▲1百万円 ・役員報酬減額▲1百万円	・システム費用削減▲2百万円(前期比) ・家賃減▲1百万円(前期比) ・人件費▲0.5百万円 ・役員報酬減額▲0.2百万円(前期比)	

4. クープマンの目標値

　自社や自社の商品がどの程度の位置にいるのか、弱者なのか強者なのか、こういった立場を正確に認識せずに失敗している例は多くあります。思い込みやプライドなどが、正確な把握を邪魔しているかもしれません。なるべく客観的に強み弱みを見極める必要があります。

　そこで注目するべきは、マーケットシェアです。マーケットシェアは、大まかに自社や競合をとらえる際には非常に便利な指標です。ただしシェアの数字を正確に読む技術がなければ、正確な分析や有効な戦略構築ができません。

　クープマンの目標値は、シェアの正確な把握に役立つ指標です。これが生まれた背景には、第一次世界大戦当時、イギリスのフレデリック・W・ランチェスター氏が行った、航空機による空中戦の研究に端を発する「ランチェスター戦略」があります。これは元々、戦力に勝る「強者」と戦力の劣る「弱者」が、それぞれがどのように戦えば戦局を有利に運べるのかを考えるための戦略論でした。しかし現代では企業間における戦いにおいても使われています。

　クープマンの目標値は、このランチェスターの法則を研究した米国コロンビア大学の数学者バーナード・クープマンが提唱しました。

　以下のように、基準となる数値をもとにシェアを判断します。さらに必要があればこれを時系列的にトラッキングすることにより、シェアの推移を把握することも可能です。

　実はマーケティングの現場においても、多くの関係者が根拠もなくシェアの判断をしているケースが散見されますが、クープマンの目標値を活用すれば、根拠ある判断ができます。以下はシェアの判断をイメージアップするためにいくつかの具体的な企業名をあげています。各企業

の存在感やイメージを思い浮かべながらシェアの基準を理解し、覚えて頂ければと思います。

独占的市場シェア：73.9%

あまり多くは見られないタイプの市場です。ここまでの市場シェアを取ればトップは安泰であり、短期的に見ればトップが引っ繰り返る可能性はほとんどありません。なお、トップ2商品（2社）合わせて73.9%以上を占めている場合を「二大寡占市場」と呼びます。現代では、独占禁止法の問題もあり、1社や1商品で独占シェアを占めるケースは少なくなりました。

典型的な事例は、デスクトップPCのOS市場です。この市場は長らく米国のマイクロソフト社が1強の状態です。「Windows OS」のシェアは、「MacOS」が大きくシェアを伸ばしたとして話題になった2019年9月でさえ、「windowsOS」は86.0%のシェアで、2位の「MacOS」の11.6%と比べてもその差は圧倒的でした。

ほかにも日本では、ステープラーのシェアの75%をマックス株式会社が保有しています。ステープラーは聞き覚えがない方もいらっしゃるかもしれませんが、ホッチキスと言えばどうでしょう。むしろホッチキスという固有名詞を、この商品を表す正式名称と勘違いしている人も多いのではないでしょうか。

相対的トップシェア：41.7%

複数の企業で競争している市場におけるトップ企業のシェアです。このシェアを獲得した場合、トップの地位は安定し、不測の事態に見舞われない限り、逆転されることは少なくなります。逆にトップが相対的安定シェアを持つと、下位の企業や商品はシェアを高めにくくなります。

市場影響シェア：26.1%

市場に影響を与えられる水準であることを示すシェアです。

このシェアを持つのがトップ企業の場合は安泰とは言えず、下位企業から逆転される可能性があります。逆に2位であれば、安定的な2位をキープしつつ、1位をいつでも狙えるシェアと言えます。

　このシェアならば2位であっても、新商品投入やキャンペーン実施などの新たな動きをした際に、競合企業は無視できず対抗手段をとらざるを得ません。

　トップ企業としてこのシェアを確保していた例は、ビール市場における「アサヒビール」です。2018年に37.4％でしたが、2位の「キリンビール」が34.4％と同じく市場影響シェアを取っていたためアサヒビールは、不安定な状態のトップでした。

　また2018年のコンビニエンスストア市場においては、「ファミリーマート」が27.0％のシェアを持っていました。従って1位の「セブンイレブン」が44.4％を確保していたものの、ファミリーマートも影響力をもっていたのです。

● 並列的上位シェア：19.3％

　複数の企業が横並びで競争し、拮抗しているときのシェアです。この状態ではどの企業も安定的な地位を得られていません。

　例としては、ネットサービスや通販を含むインターネット業界の売上シェアがあげられます。2018年の1位である楽天は主力のEC事業をはじめ、銀行、証券、カード、旅行などの事業を展開し、21.7％でトップシェアを占めていました。2位のリクルートHDは、求人情報検索や求人情報サイト、住宅や旅行に関する生活関連サイトの運営を行い、シェアは20.6％でした。3位はZホールディングスで、国内ポータルサイト首位の「ヤフー」を中心に、ニュース、オークション、ショッピング、不動産、ファイナンスなど幅広くビジネスを展開し、18.8％のシェアを獲得しました。

● 市場的認知シェア：10.9%

　市場において存在が確認されるレベルのシェアです。つまり、このシェアに到達しない企業やブランドは、市場の消費者（BtoC の場合）や企業担当者（BtoB の場合）から、認知さえもされていない状態です。これ以下のシェアでは、プロモーションや営業活動にかなり苦労します。

　例としては 2018 年のインクジェットプリンタ市場におけるブラザーが、11.8％のシェアで、1 位エプソン（44.9％）、2 位キヤノン（42.4％）に引き離された状態でした。

● 市場的存在シェア：6.8%

　市場において存在が許されるシェアであり、他人に言われて思い出す助成想起が可能なレベルです。つまり、これ以下のシェアであれば、今後よほどの成長が見込まれない限り、撤退を検討すべきです。

　あらゆる数値データは、見方によってポジティブにもネガティブにもとらえることができます。ただし、その理解が恣意的になってしまうと、環境をポジティブに見過ぎたり、弱みを過剰に心配し過ぎたりすることになり、戦略を誤ってしまいます。クープマン目標値は、こういった誤りを避けるための客観的な指標として活用するのが良いでしょう。

　またシェアの上位を目指すかどうかの判断にも役立ちますし、逆に撤退を考えるうえでの根拠ともなります。いずれにしろ企業として動くべきタイミングを逃さないためにも重要な指標です。

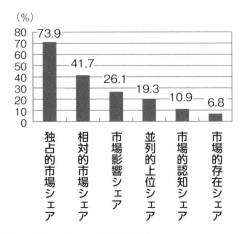

(%)

図4：「クープマンの目標値」
出典：「シンプルマーケティング」森行生（翔泳社）

5. STP分析

　STP分析はマーケティングの代表的な手法の一つで現代マーケティングの第一人者として知られる、アメリカの経営学者フィリップ・コトラーが提唱しました。STPとは「Segmentation：セグメンテーション」、「Targeting：ターゲティング」、「Positioning：ポジショニング」のことで、それぞれを一言で説明すると下記のようになります。

・セグメンテーション：市場やターゲットを細分化し、同質なターゲットをグループ化すること
・ターゲティング：細分化されたセグメントを評価し、狙う市場やターゲットを定めること
・ポジショニング：自社の立ち位置を明確化し、そのコンセプトをターゲットの心に位置させること

• STP戦略

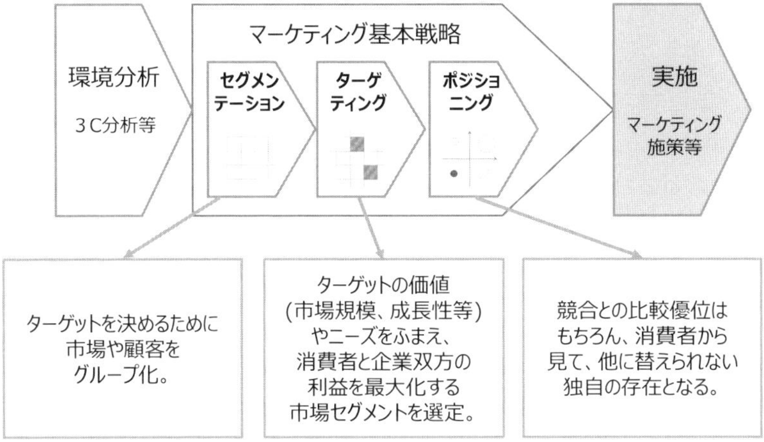

図５ STPの概念図

　商品やサービスを市場に導入するにあたり、どんな市場やターゲット
を狙い、どんな商品価値で顧客を獲得するかを判定する戦略の基本です。
STPの基本的な考え方は、市場や顧客を分けて、有効なターゲットを
明確化していきます。

　この戦略を行う際に、顧客を絞り込むことによって機会損失が起きる
のではないかという心配をする人がいるかもしれません。絞り込んだ対
象外であっても、買ってくれるかもしれないターゲットは逃がしたくな
いという心理によるものです。

　しかしながら実際は、誰にでも売れる八方美人的な商品やサービスは
コンセプトが不明瞭になり、誰のためのものかわからないまま、選ばれ
ることなく消えていってしまいます。

　全ての買い手に対して十分な価値を訴求することは困難です。市場に
商品が増えて、競争が激しくなる状況においてはターゲットを絞り込み、
価値を明確にして訴求することが顧客を獲得するために重要なのです。

　以下、セグメンテーション、ターゲティング、ポジショニングについ
て、個別に詳しく解説していきます。

● セグメンテーション

　セグメンテーションは特定の基準によって、共通したニーズをもつと考えられる市場（顧客）群に切り分ける作業です。

　同じ投資商品を売るにしても対象となる顧客はさまざまです。20〜30代であれば、ある程度のリスクを取ってでも、将来に備えて増やしたいと考える人が多いかもしれません。逆に50代以上であれば、老後に備えて安定的に運用したいというニーズがあるでしょう。このように年齢によってニーズが異なる場合には、「年齢でセグメンテーションを行う」方法が考えられます。全ての年齢層をひとくくりにして、均一の営業や販売促進などの活動を行うのでなく、各層のニーズに合わせた個別の活動を行うのです。

　セグメンテーションにおいては、最も効果的な分け方を探すことが重要です。分けるための変数（軸）に関しては、以下の条件を満たす必要があります。

・測定可能性 Response：セグメントの規模と購買力が測定できること
・到達可能性 Reach：セグメントに効果的に到達し、商品提供などマーケティングを行う手段があること
・実質性 Realistic：セグメントが十分な規模を持ち、獲得するだけの価値がある

　実際にセグメントする際の変数は、上記の年齢以外にもさまざまなものがあります。

　大まかには、次の4つです。

　・地理的変数（ジオグラフィック変数）
　・人口動態変数（デモグラフィック変数）
　・心理的変数（サイコグラフィック変数）
　・行動変数（ビヘイビアル変数）

図6　セグメンテーションの変数

	細分化変数	主な細分化市場例
地理的変数	・地域	・北海道、東北、関東、北陸、中部、近畿、四国、中国、九州、東日本、西日本等
	・群の規模	・A、B、C、D
	・市あるいは標準大都市地区	・5,000人未満、5,000〜10,000人、10,001〜20,000人 20,001〜30,000人、30,001人〜
	・人口密度	・都市部、郊外地、地方
	・気候	・北部、南部
人口動態的変数	・年齢	・6歳未満、6〜11歳、12〜19歳、20〜34歳
	・性別	・男性、女性
	・世帯規模	・1〜2人、3〜4人、5人以上
	・ファミリーライフサイクル	・若者独身、若者既婚者子供なし、若者既婚者子供有り 高年既婚者子供なし、高年未婚者
	・所得	・100万円未満、100万〜300万円未満、300万〜500万円未満
	・職業	・専門職、技術職、管理職、経営幹部、経営者、事務職、販売職、職工、工場主任、作業者、農業、学生、主婦
	・教育	・中学卒以下、高校中退、高校卒、大学中退、大学卒
	・宗教	・カトリック、プロテスタント、仏教、イスラム教、ユダヤ教
	・人種	・白人、東洋人、黒人、ヒスパニック
	・国籍	・日本、アメリカ、イギリス、ドイツ、フランス、中国
心理的変数	・社会階層	・下の下、下の上、中の下、中の中、上の下、上の上
	・ライフスタイル	・従属型、努力型、強調型
	・パーソナリティ	・強圧的、社交的、権威主義的、野心的
行動変数	・購買状況	・通常の状況、特別の状況
	・求めるベネフィット	・経済性、品質、サービス、利便性、快適性
	・使用者タイプ	・非使用者、過去の使用者、潜在的使用者、初めての使用者、常時使用者
	・使用率	・少量使用者、中量使用者、大量使用者
	・ロイヤリティ・タイプ	・ノンロイヤル、中ロイヤル、高ロイヤル、完全ロイヤル
	・購買準備段階	・未認知、認知、理解、関心、欲求、購買意図
	・製品に対する態度	・熱狂的、肯定的、無関心的、否定的、敵対的

出典：「マーケティング戦略ハンドブック」松下芳生（PHP研究所）より加工

　まず地理的変数は最も基本的な変数です。居住地域の場所や規模、都市化の状態などが含まれます。例えば新たに支店を開設した際は、その場所の周囲にある施設や、駅からの距離などにより、おのずと狙う来店者層が絞られます。

　また人口動態変数はマーケティングにおいて特に重要視される変数です。年齢、性別、職業、家族構成などが含まれます。

　心理的変数としては、消費者の生活様式や性格などがあります。これらが購入時の選択を左右します。例えばクレジットカードにおいても、高級志向でゴールドカードをもちたいと思う人もいれば、コストパ

フォーマンスを重視して多機能の一般カードを好む人もいます。収入金額だけでは判断できません。

行動変数は、ターゲットの商品やサービスに対する知識や態度です。購買経験や使用頻度などが含まれます。例えば投資に関しても、個別株を頻繁に取引したり、大きな金額をつぎこむ層もいれば、低リスクの投資信託に少額預けるだけの層もいます。

セグメンテーションにおいては、これらの変数から、その後に戦略を作るうえで最適なものを選びます。

● ターゲティング

ターゲティングは、狙うべきターゲット顧客や市場を絞る作業です。上述のセグメンテーションが、このターゲティングの前提となります。この一連の活動によってターゲットを絞り込み、それらを効果的に獲得できるように、商品やサービスのコンセプトや価値を明確にしていくのです。対象を広げすぎないようにすることで、商品開発や宣伝広告などのマーケティング投資を効率化し、コスト削減も狙います。

ターゲティングには主に5つのパターンがあります。
縦軸に商品やサービス、横軸に市場を置いた時には次のような図で表すことができます。

①単一市場への集中型

1つの市場、1つの商品やサービスに着目し、選択するパターンです。例えば動物向けの医療保険などは、これに当てはまるでしょう。単一の市場に専門化し、その中で強力な影響力を持つ存在を目指します。ただし、ターゲット市場が衰退した場合には同時に業績も落ちるリスクがあります。

②選択的特化型

複数のセグメントを選択するパターンです。複数の市場にアピールで

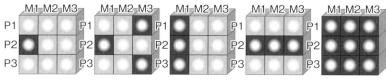

単一市場への集中型	選択的特化型	特定市場タイプへの集中型	特定商品タイプへの集中型	フルカバレッジ型
：特定のセグメントだけを標的として選ぶ	：複数のセグメントを標的市場として選ぶ	：特定のセグメントに各種の商品を売り込む	：特定の商品を各種の市場に売り込む	：すべての商品をすべての市場を対象に売り込む

M＝市場、P＝製品

図７　ターゲティングの５タイプの図

きる複数の商品やサービスを持っている場合に可能な方法です。セグメント間のシナジーよりも、リスクの分散が期待できる戦略です。

　3C 分析で紹介したカーシェアリングの「タイムズ 24」は、元々は時間貸駐車場で成長しました。これら２つは市場とサービスが異なるため、このパターンに該当します。土地という資産を活用してシナジーを狙った例です。

③特定市場タイプへの集中型

　一つの市場に、複数の商品を投入していくパターンです。顧客を満足させるためにさまざまな商品を提供していく場合に選択されます。例えば、富裕層向けの総合金融サービスなどが当てはまるでしょう。ターゲット顧客から、あらゆるニーズを満たしてくれると評価を受ければ信頼を得て成功することが可能です。

④特定商品タイプへの集中型

　ある１つの商品やサービスを複数の市場に導入しようとするパターンです。ローン商品をあらゆる顧客に向けて提供する消費者金融などは、このパターンと考えられます。商品やサービスの強みによって市場に対して強い影響力を持つことを目指します。ただし商品そのものの需要が、

なんらかの理由でなくなるリスクがあります。消費者金融の市場が規制を受けて縮小したのは、このリスクが現実化した結果です。

⑤フルカバレッジ型

　全ての市場に向けて、顧客の求めるあらゆる商品やサービスを提供するパターンです。幅広くカバーするための莫大なコストを賄える巨大企業のみが選択できます。メガバンクグループなどがこのパターンに当てはまるでしょう。

　ターゲティングを行う際には、自社の経営資源や環境要因などの制約条件もふまえて、総合的に判断することが必要になります。その際の6つの条件（6R）を以下にあげていきます。
・有効な市場規模 Realistic Scale：事業が成立する最低限の規模を獲得できるセグメントであること
・成長性　Rate of Growth：仮に今は市場規模が小さくても、今後成長性が期待できること
・波及効果　Ripple Effect：周囲への影響力や拡散力が強いセグメントであること
・到達可能性　Reach：地理的に遠かったり、必要な顧客名簿を入手できないなど、アプローチ不可能な状況ではないこと
・競合状況　Rival：強力な競合がその市場で大きな地位を占めている状態ではないこと
・反応の測定可能性　Response：実行されたアクションに対し、適切な結果がもたらされたかどうかが測定できること

● ポジショニング

　STPにおいては、セグメンテーションで市場の全体像を把握したうえで細分化、ターゲティングでその中から狙うべき市場を決定し、ポジショニングの段階に進みます。これは、競合他社との位置関係を定めつ

つ、顧客の心に商品やサービスを位置づけるという、最も重要なプロセスです。

ポジショニングは、著名なマーケティング戦略の権威であるジャック・トラウトとアル・ライズが、1970年代に提唱しました。当時、製品中心からユーザー中心への転換を図る際に、有効な概念として注目されました。

ポジショニングとは、狙ったターゲット層の頭の中に、自社の商品やサービスをナンバーワン、またはオンリーワンの存在として位置付けることです。競合と比較されても優位な状態、または比較すらされない状態を作り、ターゲット層にとって、他に替えられない独自の存在になることがポジショニングの目標です。

その際には、「他社と比較して優れた商品やサービスであるか」という実態以上に、「顧客が魅力的な商品やサービスだと"認識"しているかどうか」が重要です。必ずしも企業視点における最高品質を追求する必要はありません。それよりも、顧客に評価され、その価値が認められることが必要なのです。

広告において、このポジショニングを試みた有名な例は、米国のレンタカー会社エイビスです。同種の競合する企業や商品がすでに市場に存在し、人々の心のなかに特定のイメージとして定着している場合、新たに広告する企業や商品を、先行するものと差別化し、パーソナリティーをもたせることが必要です。エイビスは、「私たちは二位だから、もっと一生懸命やります」と広告の中で堂々と主張しました。わざわざトップ企業ではないことを宣伝する手法を通じて、その存在を見る人の心の中に刷り込んだのです。ポジショニングを行う際は商品やサービスを、市場および消費者の生活環境のなかで洗い直し、新しい意味づけを行うことが大切なのです。

ここからは想定になりますが、エイビスの戦略における、セグメンテー

ションから、ターゲティングまでの道筋を辿ることは可能です。

　セグメンテーションにおいて仮に地理的変数に着目していたならば、ある地域に集中的に出店するなどの戦略が生まれたかもしれません。または人口動態変数に注目したならば、ある年齢層に絞って獲得を狙う戦略が選ばれた可能性もあります。行動変数に着目した場合は、レンタカーに慣れていない層や、逆に利用頻度の高いビジネスマンなどに絞り込んで狙っていくなどの戦略を候補にあがったでしょう。

　しかしながら、これらのセグメンテーションに基づくターゲティングは、効果が無いと判断されたのではないでしょうか。その結果、上記の変数ではなく心理的変数に着目したのではないかと推察します。

　そもそもレンタカーのサービスは、車を一定時間貸し出すだけの非常にシンプルなものです。従って差別化の方法も多くはありません。レンタカー会社が変わっても結局、借りる車が同じということもあるでしょうし、値段以外はどこから借りてもあまり差はないと認識されているはずです。

　顕在化しているニーズは、まず値段の安さでしょう。中には、借りて間違いのない業界1位の会社にしようと考える人もいることでしょう。それぞれのターゲットは、安ければ良いと考える「価格志向層」や、No.1企業を好む「安全志向層」です。

　しかしエイビスが利益を得るために、これらの層を狙うのは得策ではないと判断されたと考えられます。そこで、さまざまな検証の結果、表面化せずに潜在しているであろう、サービスの質を求める「優良サービス志向層」をターゲットとしたのでしょう。

　そして「誰がやっても同じサービスだ」と思われているレンタカーが実は、「取り組み方によってサービスは変わる」ことを知らせつつ、自らがそれを実践することを宣言したのです。さらに、この潜在ターゲットを表面化させるために広告を活用しました。「2位宣言」をするという刺激的なキャッチコピーは、人々を注目させターゲットを顕在化させるための手段でした。

　このエイビスの戦略は1960年代のアメリカで実施されたものであり、

今となってはそのプロセスを確認することはできません。しかし、この想定は決して大きく間違ったものではないはずです。

　レンタカーのような差別化が難しいサービスであっても、企業のあり方、顧客に向き合う姿勢や、行動を貫くポリシーで差別化し、ポジショニングを行うという方法があります。

　この点でポジショニングは、ブランド作りと相通じるものがあります。ブランド作りは、商品やサービス、企業などの価値を高める活動です。その際はターゲットに対して、購入や使用などを促すような認識を彼らの頭の中に作ります。ポジショニングと同様に、競合他社とは異なる、唯一の存在となることが目指すゴールです。

　エイビスの場合は、店員たちが実際に「We try harder.（がんばります）」と書かれたバッジをつけて働いていたそうです。これはポジショニングを顧客に対して、より多面的に刷り込むための方法であり、同時に社員のモチベーションを高める効果があります。これはブランディングにおいても、よく用いられる手法です。

6. イノベーター理論とキャズム

● イノベーター理論

　イノベーター理論は、新しい商品やサービスが市場導入されてから、普及が進む際のプロセスを描いた理論です。その理論では、ユーザーにもタイプや価値観の違いがあることが表されています。さらに普及段階に応じて、誰を狙うべきなのかを示すヒントが含まれます。1962年、米国スタンフォード大学のエベレット・M・ロジャースが『イノベーション普及学』という著書の中で提唱しました。

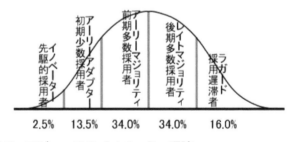

図8　ロジャースのイノベーター理論

　この理論では普及の過程と同時に、狙うべきターゲットを5つの層に
分け、普及の順序を整理しています。これは、ターゲットを拡大してい
くマーケティング戦略に活用できます。また商品やサービスが現在、ラ
イフサイクルのどの段階にいるか判断するためにも役立ちます。
　図はイノベーター理論を図式化したものです。横軸は市場の成長に伴
う時間的経過、縦軸はその商品やサービスを採用するユーザーの数を表
しています。左から右へと時間が過ぎるにつれて、ユーザーのタイプが
変わりつつも、普及率が高まり、市場が拡大します。

　イノベーター理論では、ユーザーを以下の5タイプに分類しています。
①イノベーター（Innovators：革新者）
②アーリーアダプター（Early Adopters：初期採用層）
③アーリーマジョリティー（Early Majority：前期追随層）
④レイトマジョリティー（Late Majority：後期追随層）
⑤ラガード（Laggards：遅滞層）

　以下、各タイプについて説明します。

①イノベーター
　最初期に新たな商品やサービスを採用する層です。情報感度が高く、

未知のものを積極的に導入する好奇心や冒険心があります。自分の価値
観を基に判断する選択眼を持ち、流行前で市場にまだ普及していない、
コストが高いなどのリスクがあっても購入します。ユーザー全体の約
2.5% がこのイノベーターだと言われます。

②アーリーアダプター

　世間や業界のトレンドや流行に敏感で、情報収集を自ら行う層です。
これから普及するかもしれない商品やサービスにいち早く目をつけて、
購入します。他の層への影響力が大きく、オピニオンリーダーとも呼ば
れます。ユーザー全体の約 13.5% がアーリーアダプターと言われていま
す。

③アーリーマジョリティー

　情報感度は人並み以上ですが、新しい商品やサービスの採用に慎重な
層です。主流になりつつある技術を取り入れず、また流行に乗り遅れる
ことを恐れ、平均よりは早く、新しいものを購入、使用します。ユーザー
全体の約 34% を占めていると言われます。

④レイトマジョリティー

　新しい商品やサービスについては消極的かつ懐疑的な層です。多くの
ユーザーがこの商品やサービスを採用していることを知り、利用者が世
の中や周囲において多数派だと確証を得て、初めて購入します。ユーザー
の約 34% を占めていると言われています。

⑤ラガード（遅滞者）

　最も保守的で、流行や世の中の動きに関心が薄い層です。商品やサー
ビスが、ただ普及するだけではなく、利用するのが一般的であると言え
る状況になるまで購入しません。伝統主義者とも訳されます。市場全体
の約 16% を占めると言われています。

以上の5タイプに関して注意点があります。個人が5タイプのどれに当てはまるかは、対象となる商品やサービスによって異なります。例えばITに詳しいオタク的な人は、パソコンに関しては「イノベーター」である一方でファッションに関しては「ラガード」であるといったケースも、しばしばみられます。

● キャズム

　『イノベーション普及学』の中でロジャースは、イノベーターとアーリーアダプターを合わせた16％に至るまで普及率をどう増やすかが、市場導入時の課題になると述べています。この「普及率16％の論理」に対して、マーケティング・コンサルタントのジェフリー・A・ムーアは、「キャズム理論」を提唱しました。これは、イノベーターとアーリーアダプターを「初期市場」、アーリーマジョリティーからラガードまでを「メインストリーム市場」と定めた時、初期市場とメインストリーム市場の間には「キャズム」と呼ばれる深い溝があって、この溝を超えることが市場開拓の重要事項だとするものです。

　キャズムが生まれる大きな原因は、ユーザーの価値観の違いです。初期市場の消費者は新しいことに価値を感じますが、メインストリーム市場のユーザーはそうではありません。安定した品質、費用対効果の高さ、周囲の人々が使っている状況など、商品の良さに対する保証や、安心して購入できる理由が必要になります。場合によっては「買わないと世の中に遅れる」といった、マイナスの状況を避けることが動機になる場合もあります。

　このような異なる層を獲得するためには、普及率が16％を越えるための戦略転換が必要になるのです。この溝を超えないと普及しきらないうちに市場から消えていくことになります。

● 日本におけるイノベーター理論とキャズム

　一方、このアメリカ発の理論に対して、日本のマーケティング・コンサルタント森行夫氏は異なる見解を述べています。

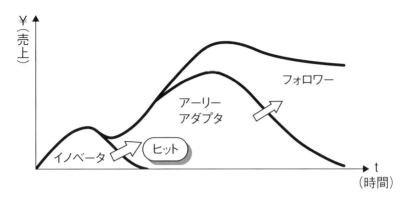

図９　森のイノベーター理論

出典：「シンプルマーケティング」森行生（翔泳社）

　まず、ロジャースのイノベーター理論がユーザーを５タイプであるのに対して３タイプに分けています。

①イノベーター（人口比約 10%）：最初に新製品を買う人たち

②アーリーアダプター（人口比約 30%）：イノベーターに続く人

③フォロワー（人口比約 60%）：みんなが買い始めてようやく買う一般　大衆

　３つに分けた意図の一つは、実務における理論の使い勝手をよくすることです。まず第一に、遅れてユーザーになるレイトマジョリティーやラガードをターゲットに定めて戦略を構築することは、マーケティング現場ではほとんどありません。ゆえに、この２つはまとめて１つにしても問題ありません。

　またロジャースのイノベーターは人口の 2.5% に限られます。このレベルですとマーケティングリサーチにおいては、調査誤差の範囲になってしまいます。実務でこのような小さいグループを把握しようとすると、調査サンプル数がいくらあっても足りず、調査費用がかさむのです。例えば 2,000 サンプル規模の調査をしても出現率 2.5% の人は 50 人しか集まりません。従って実務において、ロジャースのイノベーターを単独グ

ループとして扱うのは無理があります。

　ゆえに森氏は上位 2 つのグループ（ロジャース版イノベーターとロ
ジャース版アーリーアダプター）をひとつのグループとして扱っていま
す。

　さらに分類に関しては人口構成比も変えています。

　ロジャースのイノベーター 2.5％とアーリーアダプター 13.5％を足し
上げると 16％になります。この 2 つを併せてイノベーターと定義すると、
日本では人口が多すぎるというのが森氏の考え方です。日本の過去の新
商品の市場導入後を見ると、10％を越えることをきっかけに普及する例
はあっても、16％を境にブレイクする商品はほとんど無いとのことです。
しかも実務上は 10％と 16％では大きくな違いがあります。イノベーター
への普及後はアーリーアダプターにターゲットが変わるので、マーケ
ティング戦略を変える必要があります。このタイミングを普及率 16％
の時点とすると対応が遅れてしまうといいます。ゆえに森氏のイノベー
ターは 10％程度（産業によって 8％～12％の範囲で変化）とされます。

　またムーアのキャズム理論と比べると、「普及する初期にはキャズム
（溝）があり、それを乗り越えないといけない」という趣旨は同じですが、
その壁は 16％ではなく 10％であるということになります。

　このような違いは理論と実務という二つの視点の差から生まれたと考
えてよいでしょう。ただし考えてみれば、広大な土地に散在するアメリ
カにおける、普及状況の“影響度”と、狭い国土に人口が密集する日本
における普及状況の“影響度”に違いがあっても不思議はありません。

　読者の皆さんは、オリジナル理論と実務仕様理論の両方知っておくの
が良いでしょう。

　ちなみにキャズムを越えられなかった商品には、どのようなものがあ
るのでしょう。有名な例としては Apple 社が iPhone よりもかなり昔に
開発した、PDA（携帯情報端末）「Newton」があります。1993 年に開

発されたこの商品は液晶パネルを備え、手書きで文字を入力したり、赤外線通信で名刺情報の交換を行ったり、情報をパソコンと同期させることが可能でした。当時は、その革新性で注目されましたが、普及に至らず 1998 年には開発が中止されました。

Apple 社が紆余曲折を経て改めて PDA「iPhone」を発表したのが 2007 年ですが、その 10 年以上前に先祖ともいえる商品が存在していたのです。

この Newton が普及しなかった理由は、高価であったこと、大きく重かったので携帯しにくかったこと、電池の持ちや手書き認識の精度など技術的な不十分さなどと言われています。それまで存在していなかった携帯情報端末という商品に対してイノベーターは、金に糸目をつけずに飛びつきました。しかしながらアーリーアダプターは、使い勝手等をふまえてコスパが悪いと判断し、二の足を踏んだのでしょう。

このように普及の過程でターゲットが変わります。新しいものを積極的に導入する層と、保守的で保証や理由が無いと動かない層では根本的な価値観が違います。このように、普及段階の変化に応じて、アプローチする層の意識や行動の違いを理解し、それぞれに適した戦略を実行することが必要なのです。

7. 金融商品の分析と戦略の事例

既に述べたように、金融商品は他社との差別化が難しい商品です。その理由を一言でいえば金融商品が「お金」であることでした。ゆえにマーケティングを行ううえで独自の課題があります。具体的なものとして、以下の 3 つを解説しました。

・金融商品が「形の無い商品」であるため、特徴の理解促進や欲求の喚

起が難しい
・価値がポジティブとは限らないため、良い商品であることを感じさせ
にくい
・時に心理的バリアを乗り越えて買う商品なので、抵抗感の払拭が必要

　一方で、現代のマーケティングの重要テーマは、マーケティング 3.0
における「企業と顧客が価値を共創すること」でした。さらにはマーケ
ティング 4.0 における「顧客の自己実現に寄与すること」まで視野に入っ
てきます。
　そうなると金融商品における、商品やサービスと顧客の心理的距離が
遠いことが、マーケティングを進めるうえでの障害になります。その距
離を縮め、極力身近に感じてもらうことが重要です。少なくとも、顧客
が金融商品やサービスに対して作っている、心の壁を取り払わなければ
始まりません。そのうえで顧客と商品やサービス、あるいは企業との関
係を作っていくことが重要です。

　そのためには顧客の心理を知る必要があります。そのうえで、どのよ
うにアプローチをするべきか戦略を構築するのです。
　ここでの重要なキーワードは「インサイト（insight）」です。直訳す
ると、洞察（力）、眼識、識見といった意味です。マーケティングにお
いては、「人を動かす隠れた心理」を指しています。ターゲット自身も
気づいていない無意識の心理です。ですが、ここを刺激されると、ある
いはここで何かを認識すると、欲求が喚起され、購買などの行動につな
がるのです。

　広告業界では有名な、ターゲットのインサイトを巧みに突いて成功し
た広告に「Got Milk」キャンペーンという事例があります。
　カリフォルニア牛乳協会が 1993 年から始めた、牛乳の飲用促進キャ
ンペーンにおけるテレビ CM が中心です。当時は牛乳消費量が 15 年以
上、減少し続けていました。そこで協会は、牛乳が健康に良いと広告を

通じて啓蒙します。その結果、90％以上の人が牛乳の効能を理解しました。それにもかかわらず消費量は減り続けたのです。そこで新キャンペーンが始まりました。広告のコピーでもある「GOT MILK ？」という言葉は「牛乳、ある？　牛乳、飲んでる？」という意味になります。複数のストーリー型のテレビCMが作られましたが、全て最後は、このコピーで終わります。

　あるCMでは、病院で、全身ギブスをはめられた主人公が、隣のベッドに見舞いに来た患者の家族から、クッキーをおすそ分けされます。戴いて食べるうち、だんだん口の中がぱさぱさになります。隣では、他の皆がクッキーを食べながら、牛乳を飲んでいるのが見えます。主人公は身動きができず、自分の口もいっぱいなので、牛乳がほしいとも伝えられません。目を白黒させる主人公の後に「GOT MILK ？」の文字が映って、CMは終わります。他のタイプでも全て「牛乳が飲みたい、でも飲めない」というシチュエーションを強烈に描いています。このキャンペーンの結果、牛乳の販売量は上昇を始めました。

　牛乳を飲みたくなるターゲットのインサイトを見つけ出し、広告で刺激を与えた結果、牛乳を飲みたい気持ちが高まり購買行動につながったのです。

　牛乳のように生活に密着し過ぎて、目新しさを見つけにくい商品であっても、インサイトを突くことで行動を喚起できるのです。金融の商品やサービスにおいても、ターゲットのインサイトを見つけ出すことで、同様に販売につなげることが可能になるでしょう。

　ここからは、金融の商品やサービスにおけるインサイトの発見と戦略の事例をいくつか紹介していきます。

● ローン商品の隠れた購入バリア

　金融商品と顧客の関係を示す例として、ローン商品の事例を紹介しました。カードローンなどにおいては、いくつかの抵抗感を乗り越えて借

りるものです。その抵抗感も、返せるかどうかがわからない不安、金融機関からの扱われ方への不安、さらに借りてしまう自分自身に対する自己嫌悪、と多様でした。カードローンはターゲットのインサイトの把握が重要でありながら難しい金融商品です。

　ある調査において、カードローンのターゲットに対して、「実際に借りる前」と「借りた後」の両方に関する調査を行い、結果を比較したことがあります。質問は「カードローンの会社を選ぶ際の選択基準は何か？」というものです。

　借りる前の人たちの回答で最も多かったのは「金利が低いこと」でした。考えてみればこれは合理的な回答です。同じ借りるのであれば、一番損をしない選択をするのが理想です。

　一方で実際に借りた人に対して、「自分が借りた際の選択基準は何か」と聞きました。すると上位にあがった答えは「近くにあったこと」「広告などで有名」などでした。逆に「金利が低かった」からだと答える人は少数派だったのです。それどころか、自分で借りた時の金利を全く覚えていない人も多くいました。これらのことからわかるのは、調査された時の回答と実際の行動が矛盾することもあるということです。

　おそらく「実際に借りる前の自分」は合理的に判断できる自分だと自己認識したい気持ちがあるに違いありません。あるいは既に借りたことのある人であっても、そうでありたいと考えるのでしょう。ところが実際には、そんな状態ではありません。

　カードローンでお金を借りなければならない状況は、お金が必要な、せっぱつまった状況です。とはいえ、内心は借りてしまう自分への自己嫌悪も抱いています。そうなると理想と現実の自分が乖離します。落ち着いた心理状態ではないので、金利の安いカードローンを比較検討する余裕もありません。通勤経路の途中にあるターミナル駅などで「あそこにあったな」などと記憶している金融機関が候補になります。見知らぬ場所に行くよりも不安が少ないためです。そのカードローンが広告などを行っていれば、なんとなく身近な印象も持ってしまいます。結果的に

は、このように必ずしも合理的ではないプロセスや心理によって、カードローンを選ぶことになるのです。

このようなカードローンのマーケティング事例から読み取れる教訓は、「対象者のお金に対する複雑な心理に配慮したうえで調査結果を読むこと」です。必ずしもローンに限らず、投資や保険などにおいても、調査結果にバイアスがかからないような設計や、細心の注意を払ったうえでの結果分析が必要です。

さてこういったケースにおいてインサイトを突く戦略として、どのような方法があるでしょう。

おそらく成功する方法と失敗する方法が両方、存在すると考えられます。失敗する方法として、"お金を借りることで広がる夢"を描くなどのイメージ訴求が考えられます。失敗する理由は、そもそもお金を借りること自体がネガティブな行動であるからです。できれば借りたくないが必要な使途があるばかりに、やむを得ず借りるという意識をターゲットが抱いている可能性を理解する必要があります。

マーケティングには「価値の提供」が必要です。確かに「お金があれば、自分の可能性や、できることが増える」のは事実です。それがお金の価値かもしれません。ただしお金を借りる人の心理を想像すれば、このような価値を示すことが誤った戦略になると理解できるはずです。

逆に成功する方法もいくつか存在します。その一つはターゲットに対して、必要な時に思い出してもらえるように、頭の中に記憶させる戦略です。具体的に広告の形まで想定するなら、「明るいイメージのビジュアルとともに、カードローンの名称をメロディに乗せて連呼するCM」などがあるでしょう。伝達手段としては、テレビなどのマスメディアは浸透効果が高いので効果的です。ターゲットがお金を必要とした時に思い出してもらえば良いのです。

これは一つの例であり、他にもさまざまな戦略が考えられます。いず

れにしても、金融商品に関する心理をふまえた戦略であるべきなのは言うまでもありません。

● 投資商品を購入する動機

　投資商品においても、複雑な心理があることは既に述べた通りです。例えば「お金が欲しい」という、投資をする際の根源的な動機は、声高に言いにくい言葉です。また投資に失敗すれば、欲張って失敗した自分に直面しなければなりません。投資商品は複雑な心理を抱きながら、抵抗感を乗り越えて購入するものなのです。

　さて数年前から巷では「脳科学」という言葉が聞かれるようになりました。マーケティング業界では、この脳科学の知見や技術を用いて、消費者の無意識的な感情の変化などを読み取る「ニューロマーケティング」が注目されています。具体的には、脳波や眼球の動きなどの生体反応をもとに、言語化される前の感情や反応を可視化し、人間の無意識下の行動原理を把握するものです。

　過去に、ニューロマーケティングの手法を用いて、投資商品に対するターゲットの心理の複雑さを示す実験がありました。
　「投資運用をする際に何に価値を置くか」という質問を同じ対象者に、二つの方法で問いかけます。具体的には、アンケート調査への回答と、質問に対する脳波の反応という二つの方法で結果を出したのです。
　アンケート調査においては、「元本が保証される」「不況に強い」などと答える人が多いという結果でした。一方、脳波測定からは「優越感を感じられる」「夢をかなえられる」などの価値に対する反応が高かったのです。二つの調査の結果は対照的なものでした。アンケートに対して論理的に回答しようとする時には、合理的判断に基づき経済的メリットの高い選択を行いました。ところが無意識の反応においては、投資に成功することで自分のプライドが満足できる状態になることを望んだのです。

<脳波測定調査と定量アンケート調査の結果の違い>

「投資運用する際に何に価値を置くか」という質問
アンケート調査では「元本が保証されている」「不況に強い」などに関心が集まったが、
脳波測定調査では「優越感を感じる」「夢をかなえられる」への反応が高かった。

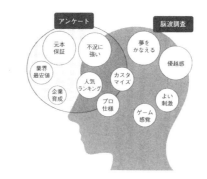

図10　投資に関する脳波調査

※出典:「お金と心理の正体」ADK 金融カテゴリーチーム（経済界）

　この調査とは別の機会には、投資をテーマとして「画像メタファー調査」を行ったことがあります。これは、ごく簡単に言えば調査対象者に調査したいテーマや言葉を示して、そこから連想される「画像」を、雑誌やサイトなど身の回りから集めて持ってきてもらうという調査です。画像を選んだ理由を説明してもらう中で、対象となるテーマに対して対象者が抱く心理を深く掘り下げます。

　この手法を、投資のベテラン経験者に対して行った時の結果を簡単に言うと、「高くそびえたつ塔」の画像を持参する対象者が多かったのです。ヒアリングを行う中で、投資経験者がある種の達成感やプライドを抱いていることがわかりました。

　特にリスクある商品の場合、その顧客であり続けるということは、成功し続けることを意味します。なぜなら大きな失敗をして元手の資金が無くなれば撤退を余儀なくされるからです。従って長く投資し続ける時間が続いたということは、その中で成功体験が積み重ねられているはずなのです。

これらの調査結果からわかるように、投資のインサイトには、成功やプライドといったキーワードが関わってきます。問題はこれが通常のアンケート調査では見つけにくいと言うことです。なぜなら調査とはいえ、自らが優越感を感じていることや、それを求めているということをあからさまに他人に示すのは通常はためらわれる行為です。投資に成功している、即ち儲かっている人ほど、それを人に言うことで嫉妬や羨みといった、負の感情を抱かせてしまうことも、よく知っているはずです。

　とはいえ、投資商品のマーケティングにおいて、ターゲットに行動を起こさせるスイッチは必要です。上記のようなインサイトを理解し活用することはぜひ検討すべきだと考えられます。

● 金融マーケティング全般に必要なネガティブ・フレームとポジティブ・フレーム

　ここまで再三述べたように、一般消費財との大きな違いは、金融商品の本質が「お金」そのものであることです。お金に対する人の意識は非常に複雑です。損得にまつわる強い感情と密接に結び付けいています。またプライドやコンプレックスなどの露呈しにくい感情ともつながっています。

　既に解説したように、マーケティングの定義や、その活動の基本は、顧客などに対する「価値の提供」や、顧客との「共有価値の創造」です。ところが金融商品が提供できる価値は必ずしもポジティブなものばかりではありません。金融商品が役立つのは、事故、死亡、傷害、資金不足、遺産相続など、ネガティブな事柄が起きる時や、それらに関わる状況においてなのです。従って金融のマーケティングにおいては、単に価値（良いもの）を作り、伝えるといった活動だけでは不十分です。

　このような金融の商品やサービスのマーケティングの戦略においては、二つのフレームが必要だと考えます。一つは、ポジティブな要素や価値を訴求して好感や共感を抱く心理状態を作り、積極的に購入や利用

ポジティブなアプローチだけではなく、
ネガティブな要素をふまえたアプローチも必要

両方が重要
ネガティブ・フレーム　ポジティブ・フレーム

抵抗感やバリアの
払拭

【例】
・会社がしっかりしている
・手続きが簡単
・利用しても恥ずかしくない‥

利用や購入の
後押し

【例】
・いざという時に助かる
・長期的に利益が出る
・キャンペーンでお得‥

図11　ポジティブ・フレー
ムとネガティブ・
フレーム

を促す「ポジティブ・フレーム」です。これは通常のマーケティングと同じです。さらに二つ目に、商品やサービスを検討したり購入したりする際に生まれる心理的バリアや、検討さえもしたくないといった抵抗感を無くしていく、可能な限り払拭していくという「ネガティブ・フレーム」です。

　金融の商品やサービスのマーケティングにおいては、これらの両輪が必要であることを覚えておくべきでしょう。ポジティブ・フレームにおいては、ターゲットが前向きになるよう、商品やサービスの強み、差別点、魅力、価値などを徹底的に伝え理解させます。そして購買行動に結び付けるのです。ネガティブ・フレームにおいては、購入や検討に伴う恐れや恥などの感情を減らすような策を練る必要があります。そこでは利用の必要性をストレートに説くだけでなく、多くの人が利用している状況を伝えたり、好イメージのキャラクターなどを活用するなど、さまざまなアイディアが必要です。

　これら二つのフレームは、平行して戦略に落とし込んで実行すべきケースもあれば、どちらかに重点を置くべきケースもあります。そこについては商品やサービスの内容や特徴、顧客のニーズや心理状態などをふまえて判断すべきでしょう。

【編著者紹介】

橋本 之克（はしもと　ゆきかつ）
マーケティング＆ブランディング ディレクター／昭和女子大学 現代ビジネス研究所 研究員
東京工業大学工学部社会工学科卒業後、大手広告代理店を経て 1995 年日本総合研究所入社。官民共同による研究事業組織コンソーシアムの組成運営、自治体や企業向けのコンサルティング業務を行う。1998 年アサツーディ・ケイ入社後、戦略プランナーとして、金融、不動産、環境エネルギー等多様な業界における顧客獲得業務を実施。2019 年独立。現在はマーケティングやブランディング戦略のコンサルタント、行動経済学に関する講師や著述家として活動中。
著書に「世界最前線の研究でわかる！─スゴい行動経済学」（総合法令）、「9 割の人間は行動経済学のカモである─非合理な心をつかみ、合理的に顧客を動かす」（経済界）、「行動経済学で人を動かす─モノは感情に売れ！」(PHP)、「多縁社会」（東洋経済新報社・共著）ほか。
宅地建物取引士、2 級ファイナンシャル・プランニング技能士。

ニーズの種を植える金融マーケティング

2020 年 4 月 7 日　初版第 1 刷発行

著　者　橋　本　之　克

発行者　中　野　進　介

発行所　株式
会社　ビジネス教育出版社

〒102-0074　東京都千代田区九段南 4-7-13
TEL 03（3221）5361（代表）／FAX 03（3222）7878
E-mail▶info@bks.co.jp URL▶https://www.bks.co.jp

落丁・乱丁はおとりかえします　　　印刷・製本／壮光舎印刷株式会社
ISBN978-4-8283-0791-6